新装版

臨床心理学ノート

河合隼雄

Ψ

金剛出版

序

「臨床心理学は学問であるか」、「臨床心理学は科学であるか」、このことは、私がこの道に進んで以来、常に考え続けていたことである。しかし、他方、そんなことよりも何よりも、今、自分の目の前で悩んでいる人、苦しんでいる人に、何らかの意味で役立つことをしたい、という気持ちも強かった。

もともと、一生、高校の教師をするつもりであったし、高校生の成長に役立つことをしたい、ということのために「臨床心理学」を学び出したのだから、何と言っても、実際に役立つということが第一であった。しかし、「どうしたら役に立てるか」、「そもそも他人の役に立つとはどういうことか」と考えざるを得ないし、そうなると、最初にあげたような疑問に立ちかえることになる。したがって、私としては常に実際的な仕事に努力を傾けると共に、学問論の方も常に考えてきたのである。

本書に繰り返し述べているように、「臨床心理学」は学ぶのが非常に難しい。学問としての体系化が困難なのである。したがって、「学問」として出発するのが、他領域に比して非常に遅かったし、未だに「それは学問であるか」などと言われたりしている。

そのような状態なので、私が「臨床心理学」を学びはじめたとき、これは社会の要請に応えて発展するとは思ったものの、今日のような盛んな状況になるとは思っていなかった。先日も臨床心理職の国家資格という件で、国会議員で、このことに関心をもつ方々に意見を述べる機会があった。私はそのとき「感無量」であると言ったが、ほんとうにそれは文字どおり、私の気持ちそのものであった。資格の問題は極めて困難なことであるが、何とか努力を続け、「臨床心理学」が、ほんとうに国民に役立つものとなるようにしたいと思っている。

制度の問題は問題として努力するが、何と言っても、われわれにとって大切なことは、「臨床心理学」をより確かなものとして発展させることであり、個々の臨床心理士の能力の向上である。われわれは、国民の信頼を得る専門家にならなければならない。

ここに、『臨床心理学ノート』としてまとめたものは、前述の目標を達成するのに、少しでも役立てば、と思って書いたものである。「ノート」としたのは、体系化した教科書としてではなく、より実際的で、将来の発展のための示唆なども含むものとして、自由な形で書いたためである。この方が、臨床心理の実践の場において、現在、苦闘中の人たちや、「臨床心理学」を学びはじめた人たちにとって、より有用なものとなろう、と考えたからである。

とは言っても、前述したように、実際的な問題が根元的な問題に直結するのが、臨床心理学の特徴なので、一見、現場と関係のない理屈を述べているようなところもあるが、これはいかに実践を重視するとしても、避けて通れないポイントであると判断したためである。このようなことについて考えることを避けて、実際が大切とばかり言っていても、実践力は強くはならないであろう。

「臨床心理学は学問であるか」などと書いたが、最近では他の多くの領域で「臨床」と名のつく新しい学問分野が拓かれているのを、大変嬉しく思っている。本書にも述べているような「新しい人間の科学」の発展、ということに積極的にかかわろうとする人が増えてきたためと思われる。臨床教育学、臨床経済学、臨床社会学、臨床哲学などの言葉を聞くし、保育学、看護学、福祉学などが、「臨床の知」を追求する学問であることは、当然である。

今後このような「臨床の知」を探求する者が、共同研究をしたり、共同で考えるシンポジウムを開くことなどが必要になってくると思う。そのような意味で、最近、「臨床哲学」を標榜する鷲田清一氏との対談によって、「臨床」の意味を深める経験をできたのは、非常に有意義なことであった（鷲田清一・河合隼雄『臨床とことば』ＴＢＳブリタニカ）。臨床の実際においては「ことば」が大切な道具となるが、それを哲学的に深めたレベルで考え直す作業をすることは、私の今後の臨床活動を進める上で大いに役立つことであった。

今後、このような学際的な対話や研究を試みることは、臨床心理学の発展のために必要なことと感じられた。これからもこのような機会を増やして、臨床心理学に厚みを与える作業をしていきたいと思っている。

臨床心理学は多くの二律背反性をもつ。それゆえに、実に多様で多面的な思索を必要とするものである。この「ノート」が読者の考えを刺戟して、そこから新しい発想が生まれ、臨床心理学の新たな展開に役立つことになれば、著者としてまことに幸いと言わねばならない。

河合 隼雄

目次

臨床心理学ノート

第1章 見たて・援助・その考え方

臨床心理学の特性

「学」としての臨床心理学について述べるのは難しい。以下に述べるような困難さがあるために、臨床心理学は「遅れた学問」として出発し、そのために多くの苦労を味わってきた。現在は社会からの期待や要望が強く、そのために急激に発展してきたが、学としての基盤はそれほど急に確立するものではない。したがって、臨床心理学を専門にする者は、学問としてのその発展に寄与するように、大いに努力しなくてはならない。

臨床心理学は極めて実際的な目的をもって発生してきた。それはまず、ノイローゼの治療という医学領域から、そして、非行少年など子どもの指導矯正という領域から、次にやや特殊であるが、アメリカにおいて、戦争の際に誰を将校にするかという選別、および、復帰軍人の社会への適応の問題などから生まれてきた。そのため、それぞれの実際的問題に対応してゆくのと、それに当る人のそれまでの専門領域の特性などがからみ合って、なかなか体系的なものをつくり出すことができなかった。

アメリカにおいては、臨床心理学の体系づけが、一九五〇年にはすでに行われていたが、それを支えるものは、フロイトの精神分析理論であった。それと、何とかして近代科学の方法論によって体系づけようとする努力が融合して、一応の形が整った。これによって臨床心理学が大いに発展するというプラスの面と、臨床心理学および近代科学の本質に関する厳しい検討に欠けていたため、その後にいろいろな問題を残すマイナス面とがあった。たとえば、「科学性」を強調する大学院の教育が、臨床の実際にほどんど役立たない、というようなことが生じてきた（森野、1995）。

ヨーロッパにおいては、筆者の知る限りでは、大学においてはアカデミックな形での心理学を学び、臨床心理の実際の仕事につこうとする者は、学外の私立研究所（学派によっていろいろ異なる）において研修をして資格を取るようにしていた。

このように臨床心理学は葛藤を内在させているのが、その特徴である。しかし、このようなことは、人文科学系の他の学問についても多少とも言えることではないだろうか。大学で学ぶことと、社会に出てからの実践とに相当な差があるのである。

わが国の臨床心理学は他国に遅れて出発したので、上記のような乖離が少ないとも言うことができる。大学の教官の多くは、臨床の実践家である。この利点は今後とも生かしていきたいが、実践が大切とは言っても、その理論化や体系化などがなおざりにされていいというものではない。そこで、この連載において、そのようなことを追求してみようと思っている。しかし、基本はあくまで実際に役立つということであり、いわゆる「学」としての形の方を優先するのではない。

また、ここに述べる臨床心理学は、近代科学の方法論によるものではないことも、はじめに明らかにしておきたい。この点については、哲学者の中村雄二郎が、「科学の知」に対する「臨床の知」の重要性として指摘しており、筆者はこのことは他に詳しく論じている（河合、1992）ので、ここでは省略する。要するに、われわれは、人間を「客観的対象」として見るのではなく、中村雄二郎の言うように、「相互主体的かつ相互作用的にみずからコミットする」（中村、1977）態度によって、人間にかかわろうとするのである。

このような態度によって人間にかかわりつつ、そこに生じる現象を、できる限り普遍性をもった言語によって語ることによって、「臨床心理学」が成立するという考えで、この連載を続けてゆきたい。

いかなる援助か

臨床心理学において考える、他人に対する援助とはどのようなものであろうか。ここで重要なことは、心理に関する援助であることと、それはあくまで、専門家としての援助である、という点である。とは言っても、実際的には相当柔軟な対応が要求されることも事実であるが。

企業内の相談室、小学校から大学に至る学校内の相談室、あるいは、司法、医療、福祉関係の仕事など、実に多くの場で臨床心理士は対人援助の仕事をしているし、そこを訪れる人の数も多くなっている。クライエントは何らかの意味で解決したい問題を持って来談してくる。それは非常に軽いものから重いものまでさまざまである。そして、時には「お金を貸して欲しい」、「恋人を紹介して欲しい」、「職場を変えて欲しい」などの、極めて具体的な相談もある。

まず、このような具体的な相談の場合にどうするか考えてみよう。たとえば、サラ金の借金の取り立てに困っているのでお金を貸して欲しい、という場合に、同情してすぐにお金を貸してしまうのはよくないが、さりとて、ここはそんなことをするところではない、とすぐに断るのも間違っている。

企業内での相談や、学校内での相談では、すぐに心のことを話すのや、症状について話すのには抵抗を感じるクライエントがあり、そのような人は、まずはじめに、単純であまり心と関係のないことを訴えることが多い。「数学の参考書のいいのを教えて欲しい」などという。その際はともかく入室してもらって、ゆっくりと落ち着いて話を聴いていると、だんだんとほんとうに相談したいことに話が変ってくることが多い。何と言っても、われわれは落ち着いて相手の話を聴くことが、援助のはじまりであることをよく自覚しているべきである。

クライエント自身も来談するときは、それほど明確な問題意識をもっていないが、どこかでは半意識的に自分をしっかりと見てみるときだと感じており、ともかく～のことで相談してみようという形で来談することがある。それが、治療者の態度に支えられて話をしているうちに、自分で自分の問題を意識したり、ともかくここに続けて来ようと決心したりする。

自分自身のことではなく、自分の親、子ども、あるいは嫁姑、友人のことなどで来談するときがある。このときも、そのような他人にどう接するべきかについて助言を与える場合もあるが、他人についての相談を契機として自分自身の心の問題に気づき、その解決を目標とする方向に変化する人もある。治療者は、そのときどのような「見たて」をもつかが大切になってくる。ただ、見たてのとおりに、本人が自分の問題に気づきはじめたときに、そのことを言語によって明確にするかどうかは、少し配慮を必要とする。日本人の場合、ものごとを言語によって明確にするのに抵抗を感じる人があるので、あいまいな形ではあるが、治療者とクライエントとの暗黙の了解で事を進める方が適切なときもある。しかし、できる限りは言語化することを心掛けるべきである。

心の問題に関する援助をすると言っていても、たとえば、不登校の子どもが家まで迎えに来て欲しいと言ったり、自殺すると電話で言われ、どうしてもそれを防ぐために現場に行かねばならないと思ったりすることもある。このときに、自分は「心」のことだけをするのだからと割り切って、何も行動しないときは、大変な失敗をすることにもなる。だからと言って、すぐに行動していると、クライエントの依存がエスカレートして収集がつかなくなったりする。

このようなときも、あくまで心の問題として時間と場所と料金の規定という守りのなかで会うことを、本来のものと自覚し、できる限り他のことをしない、という根本姿勢を保つことが大切である。クライエントから実際的な援助や、心理療法の枠組みを壊すような要請を受けたとき、クライエントは「ほんとうは何を望んでいるのか」をよく考えてみる必要がある。多くの場合、クライエントは自分の深い感情が治療者に共感されていないのを無意識的に感じとって、その苦しみを伝えようとして、いろいろな要求をしている。このことを治療者がよく理解し、クライエントに対する共感をうまく表現して伝えることができると、実際的な援助を必要としなくなる。クライエントの心のみならず、治療者の心、両者の関係の在り方などによく注意すると、無用な行動をする必要がなくなる。

とは言っても、治療者の能力に限界はあるし、現実的な状況によっては、治療者が何らかの実際的な援助をせざるを得ないときがある。そのとき、自分は「ここまで熱心に（親切に）しようとしている」とか、「このクライエントのためなら」などと、自分のしていることを中心に考えると失敗することが多い。あくまで、心の問題を中心に考えるのだが、諸般の条件を考えやむなくする、と自覚しているときは、そのことに中心的な重みを与えないので、問題が生じない。心理療法においては、時には原則を破らねばならぬときが生じるが、無自覚にするのと、よく検討した上でするのとでは、同じことをしているようでも、結果は異なってくる。

見たての必要性

心理的な援助を行なうに当って、何のためにどのくらいの期間、どのように援助を続けてゆくかについて、ある程度の見とおしを持たねばならない。これに対して、自分はあくまでクライエントの自主性を尊重するのだから、来るのかやめるのかも、まったくクライエントの判断にまかせるべきである、と考える人があるかもしれない。すべてにおいて、クライエントの自主性にまかせるのは大切だが、そのときに治療者自身も自主性をもつべきであり、そのような自主性をそなえた人間が、相手の自主性を尊重するからこそ意味がある。そうではなくて、ただ相手の意志のままに動くのであれば、それは単に受動的に行動しているだけで、相手を尊重しているとか、受容しているとは言い難いのである。そこで、「見たて」の必要性などと主張するのだが、ここでは医学の「診断」という用語を用いていない点について述べておきたい。

近代医学においては「診断」は極めて重要で、不可欠である。病気の原因を明らかにする病理の追究によって、診断が確定する。そこで、そのような原因を弱め、あるいは消滅させる処置をすることによって治癒に至る、と考える。この考えは、近代医学が近代科学のパラダイムに従っているためであり、理解もしやすいのであるが、心理療法の場合は、治療者とクライエントの間の人間関係が重要な要因になる上に、クライエントの現状のみならず潜在的な可能性を重視するので、近代科学のパラダイムに当てはまらない。したがって、病理診断ということがあまり意味を持たない。そこで、もっと全体的状況を見渡すニュアンスをもつ言葉としての「見たて」という言葉が用いられるようになった。

この際、治療者は～と見たてるのだ、という意味で、治療者の主観的関与ということも、このなかには込められている。いかにクライエント中心とは言っても、心理療法を行なうということは、自分が関与することによって、何らかの意味ある結果が得られるだろうという「見たて」があってのことであるし、そこには、自分がコミットしてゆくという決意があるはずである。

心理療法を行なうというのみならず、そこで、箱庭を置くように、あるいは、絵を描いて欲しい、夢について聞きたいなど、クライエントの心の深層の表現を求めるときは、そのような表現を理解するのみならず、自分もそのように深い層まで心を開いて共に進んでゆく、という見たてと決意がなければならない。このことをたとえて言うと、火事のときに四階にいる人に窓からとび降りて下さいというときには、その人がとび降りてきても、必ず抱きとめるという自信と決意がなければならない。それと同等のことを、治療者はクライエントに言っているのだという自覚が必要である。何らの見たての後立てもなく、安易にクライエントに箱庭を置かせたり、絵を描かせたりするのは、よくないことであるし、危険でもある。

見たてをするには、科学的診断と異なり、治療者が自分自身のことをどれだけ知っているかが、大きい要因になってくる。たとえば、自分のコンプレックスの存在に気づいていない人は、自分と同じコンプレックスに苦しんでいる人を見ると、強い親近感を感じたり、逆に強い反撥を感じたりしてしまう。見たてに、見たてる人の状態が大いに影響を与えるのである。そもそも、治療者は自分という人間をどのように見たてているのか、が問われねばならない。深層心理学の諸学派が、教育分析を治療者になるための前提条件としているのも、当然である。

見たてをするためには、クライエントの状況がわからねばならない。しかし、ここにひとつのジレンマが生じる。つまり、クライエントと深い関係をもち、それによってクライエントの潜在的可能性の方に注目しようとするときは、クライエントの話に矛盾があったり、抜けたところがあったりしても、それを明確にするための質問をさしはさまない。できる限りクライエントの自主性と自由を尊重する態度で、話を傾聴する。しかし、次に述べるような病理的な水準を明らかにしたいと思ったり、クライエントの現状をもう少し確実に把握したいと思うときは、治療者としても、いろいろと質問をすることになるし、その質問も相手を不愉快にすることが予想されるようなものもある。このようなときは、一回の面接で方針を決めるのか、それでは無理なのかなどを判断しつつ、どこまで質問するかなどを決定してゆかねばならない。

話を聴きながら、これなら自分が心理療法をすることにしようと思ったら、事実の認識などは、そのときに焦る必要はなく、じっくり時間をかけて、ということになる。実際に、このような形で心理療法を行っていると、たとえば、クライエントが自分の父親について何も話をしないままに、何回も面接が続くことがある。そのことを治療者は意識している必要があるが、クライエントが自主的に話すまで待っている方が望ましいこともある。

病理の水準

「見たて」は多くの要素をもっているが、心理的側面を考える前に、まず身体的な面や病理的な点について配慮しなくてはならない。治療者が医者ではなく臨床心理士のときは、特にこの点に留意しなくてはならない。身体的なことは、もちろん臨床心理士は自らチェックできないので、まず、医学的な診断が必要ではないかと思うクライエントには、その点を説明し、医者にレファーする必要がある。そして、精神科にレファーするときは、クライエントが無用な不安や恐怖を抱くことがないように、よく説明することが大切である。

身体的障害に気づかず心理療法を行っていると、取り返しのつかないことが生じるので、医学的チェックをまず先行させることに関しては、よくよく留意しなければならない。医者にレファーした後は、その医学的診断や所見を後で聞いておくと、その後の事例にも役立つことが多い。臨床心理士はよく相談できる医師と関係をつくりあげておくとよいであろう。

器質的障害ではないが、統合失調症（精神分裂病）の場合も、臨床心理士のみで心理療法を行なってはならない。必ず精神科医との連携のもとに行うべきである。そこで、統合失調症を疑われる場合は、まず医者にレファーして、その後のことは医者との話し合いで決めるべきである。事例によっては、医者と連携しつつ心理療法を行なうことになろう。

幻覚・妄想などのある場合はもちろんであるが、疎通性のなさ、訴えや行動の特異性、治療者の感じる不可解な疲労感などによって、これらのことで統合失調症と診断することはないにしても、ともかく大事をとって医者にレファーすべきである。この際も、後に医者と話し合うことがその後の参考になるであろう。

幻覚・妄想があっても統合失調症ではなく、心理療法が有効な場合もある。このときでも、念のために医者に診てもらう必要はある。

抑うつ症に関しては、現在では抗うつ剤があるので、まず医者にレファーすべきである。自殺の可能性が感じられるときは、抗うつ剤の効用を説明し、しばらくは決して死なないようにと、しっかり念を押しておくべきである。ただ、抗うつ剤が効果を示さなかったり、はじめはよく効いたが、2、3回の周期を繰り返した後に無効になる場合がある。この際は、心理療法に頼ることになるが、この場合も医者との連携は継続した方がよい。

現在の心理療法家にとって非常に大切な見たての問題は、いかにして境界例を見分けるか、ということであろう。最初のインテークの際にＤＳＭ-Ⅳなどに列挙されている症状が語られる場合は、もちろんすぐに見たてが可能であろう。ところが、インテークの際はそれらの症状がなかったり、あまり語られないが、治療を継続しているうちに、境界例であることが明らかになる。このような事実は、治療者の態度によって、境界例的心性が引き出されることがある点を示しているが、その点はここには触れない。

あまり明解な症状はないが、話を聴いているうちに、不思議な魅力を感じたり、自分が面接することによって相当な可能性が拓かれるに違いないと確信したり、逆に不可解な嫌悪感を感じたり、つまり、治療者の無意識が強く活性化される。このようなときは、見たてに慎重にならねばならない。治療者とクライエントの間に適切な距離が保てなくなる。そんなときには、境界例の可能性を検討しなくてはならない。

神経症のレベルの人たちは、心理療法の対象となるが、離人症、強迫神経症などは、思春期に一過性に生じて消滅するものを除いて、治療は長期にわたることを覚悟しなくてはならない。そして、症状をなくすことに熱心になりすぎると、精神病的な症状を誘発することもあるので、治療にはじっくりと取り組まねばならない。摂食障害の場合も、一過的に生じるものから、極めて重いものまで、程度が異なるので注意しなくてはならない。次に述べる心理的課題の性質とクライエントの能力（可能性も含めて）との関連で、その重さが異なってくる。

犯罪が関係してくるときは、特にその犯罪が重いものである場合、その事実を不問にして、ひたすら話を傾聴することは極めて難しいことであろう。やはり、その事実について本人から聴くのは当然であり、それを語るときに感じる罪悪感、責任感の程度によって、その事例についての困難さなどが見たてられるだろう。また、犯罪について語っているときに、治療者がどのような態度を示すかによって、クライエントも心理療法に続けてくるかどうかについて考えることだろう。

いずれにしろ、見たては相互的であり、クライエントも治療者についての「見たて」をしているのを忘れてはならない。治療者が心理療法を続けるつもりでも、クライエントは自分の「見たて」に従って、来談を中止することが可能である。

心理的課題

心理療法を行うに当って、もっとも大切なのは、クライエントがどのような心理的な課題を担っているかを見たてることであろう。クライエントがどのような「原因」によって、何らかの悪い状況に陥っているかと考えるよりは、いかなる心理的課題をもち、そのために苦闘しているか、と考える方が、はるかに治療の方針が立てやすい。

クライエントの心理的課題を考えるためには、治療者は何らかの心理学の理論を体験的に自分のものとしている必要がある。ただ、理論を知ると言っても、体験知となっていない者は、その課題の重さや解決に伴なう苦しみについて共感できないので、解決を焦る傾向がある。人間の心に関することは、正しい判断を下し、正しい助言を行なっても、何ら効果のないことが多いことを知るべきである。

理論的に述べられていることは、抽象性が高く、実際に人生を生きるのは具体的、個別的であり、その具体的、個別的なプロセスを治療者も共にすることが治療的意味をもつ。抽象的にはわかっているにしても、それが具体的にどのように展開してゆくかは、クライエントの自主性にまかせる方がはるかに適切に事が運ぶ。

心理的課題について考えねばならないのは、たとえば、「母からの自立」という課題を考えるとき、その解決がすべての人にとって必要かつ有意義なことであるか、という点について治療者は常に何らかの留保をすべきではないだろうか。母に依存しつつ、その守りのなかで立派な芸術作品を生み出している人が、母からの自立のためにエネルギーを費やしすぎて、芸術作品を生み出せなくなったとすると、それをどう評価するのか。

人間誰しもいろいろな課題をかかえつつ生きている。心理的課題のみならず、いろいろな課題をもち、それらのうちのどれにどう取り組むかによって、その人の人生の色合いがでてくる。それら全体のバランス状況を見渡しつつ、治療者は「見たて」をしなくてはならない。これは実に大変なことだ。そもそも治療者は自分自身の人生に対するどのような「見たて」をもって生きているのか。この点を意識化していなくてはならない。

たとえば、心理的課題として、「死への準備」ということがあるとする。そのことは明らかであるにしろ、クライエントがどのような道筋によってそれをなし遂げるかは治療者はわからない。クライエントが何か宗教書を読みはじめたり、何らかの宗教を信じるようになっても、それはクライエントの自主性にまかされる。あるいは、クライエントの言動が一時的には奇異に感じられることがあっても、その課題に照らして広く深く考えると共感できるときがある。

見たてはもちろん誤るときがあるし、治療の経過中に変更したくなることがあるのは当然である。自分の見たてを押しつけるのではなく、見たてを持ちつつクライエントの言動によって、その変更の必要性を考えてゆく。それでこそ、一見、ただクライエントの話を聴いてばかりのように見えながら、単なる受動ではなく、治療者も積極的にプロセスにかかわってゆけるのである。

たとえば、こんな例があった。家出をした少年の家族構成を見て、継母であると知り、母親のことが問題と考えていたカウンセラーが、少年が母親のことをまったく話さず、父親の行為のさして問題でないことをとやかく話すのを聴いているうちにたまりかね、とうとう母親のことで悩んでいるのだろうと切り出した。少年は母親はよい母ですと答えたが、以後の面接に来なかった。これなど、治療者の見たてはある点では正しかったかもしれないが、少年としては、そのことを考えるのは重荷すぎて、父親のことから話しはじめたが、治療者の共感はないし、触れたくないことに直接に触れられるし、来談意欲を失ったと思われる。

見たては大きい長い見とおしと、当面の間のものがあり、そこのところはクライエントの状態を見ながら、慎重に考えてゆかねばならない。

見たてをするとき、家族全体としての見たても大切である。わが国でよくあるのは、その家の歴史の重みを、ある個人が背負っているように思えることである。たとえば、父親の父性が弱い家でも、家族一同何とか大きい問題なく生きてゆける。次の世代も何とかゆける。ところが、その傾向が強まってくるし、三代目となると歪みに耐えられなくなる。そんなときに、子どもが三人いるとすると、そのなかの一人がその課題を引き受ける。誰かが引き受けると他は楽になる。というわけで、家族のなかで「あの子だけが変だ」と思われている者が、実は家の課題を引き受けていることになる。

このような見たてをしたときは、その本人のみではなく、家族全体として、あるいは、そのなかの誰かの、課題解決の可能性についての見たても必要になってくる。見たては常に広い目配りを要求するものである。あわてて、クライエントの症状をなくすることだけを考えると、家族のなかの他の人に症状が発生することにもなる。

見とおしと覚悟

インテークの面接において、上記のような諸点を考慮しつつ、見たてをするが、時には一回では難しいこともある。そのときは、その旨をクライエントに告げ、何回か必要なだけ会う必要があるし、心理検査を必要とすることや、医学的チェックの必要なこともあるから、それらの後に、そのクライエントに対して、助言したり、面接を継続したりすることになるが、そのときに治療者はそれが何らかの意味で、クライエントに役立つものであることについての見とおしを持っていなくてはならない。

そして、そのような見とおしを持つに当っては、治療者の自身の能力や、諸々の条件がかかわってくることをよく自覚していなければならない。そして、それがどのくらいの期間になるかを予想し、それ相応の覚悟を必要とする。境界例のクライエントを引き受けると、十年は覚悟しなくてはならないこともあるだろう。何らかの点で非常に能力のある人だなどと安易に考えて引き受け、しばらくすると境界例的な転移に苦しむのなどは、最初の見たての甘さと、そこに潜む逆転移の問題について、再度認識を新たにし、見たての立て直しをしなくてはならない。

心理的課題が明らかになると、それに直面し解決してゆく力が（可能性も含めて）、クライエントと治療者にあるのかどうか、について考えてみる。治療者にとって相当な決心を必要とするときがあるが、クライエントにそれを告げるのか、また、クライエントに対してもそれだけの決意を要請するのか、などの点は事例ごとに異なり、個々の場合に判断しなくてはならない。クライエントに対する決意の要請にしても、個々の場合に応じた表現こそ大切で、きまり文句がないと知っておくべきである。時には、逆説的表現が効果的なこともある。

クライエントの心理的課題は最終的には大きいものであるにしても、「当面の目標」を設定しておくことも大切である。小さい当面の目標を達成してゆくことを考えず、大きいことのみを考えていると、焦りや疲れが生じてくるであろう。服装とか、細かい言動とかにも目を配り、「当面の目標」を大きい見たてのなかに含ませておくとよい。

クライエントの周囲に心理療法の促進に役立つ人、および妨害的にはたらく人がいないか、という判断も「見たて」のなかにいれるべきである。たとえば、クライエントの担任教師が理解者であるとか、祖母だけがクライエントを暖かい目で見ている、などということは、見とおしを立てる上での条件となるだろう。逆に、母親がクライエントに対して、いつも自立を妨害するように行動する、ということもある。そのとき、その母親も心理療法を受けるべきかの判断は難しいときがある。子どもの年齢が小さいときは、ほとんど例外なく母子並行面接を行うが、クライエントの年齢が高くなってくると、簡単には決定し難い。下手をすると、母親と子どものそれぞれが心理療法の過程に入り、まきこみ合うようになって、それぞれの治療者までからんでくるので、全体的見とおしがなくなって失敗してしまう。

さりとて、治療者一人で母子（あるいは夫婦）の心理療法を引き受けると、両者の転移関係に引き裂かれそうになる。これらを避けるためには、母親が難しいと知っていても、ひたすらクライエントとの一対一関係を重視する、という方法もある。そのうち、クライエントの変化に応じ、妨害的なことを繰り返しつつ、母親も変化することもある。

どうせ苦労するのなら、一人の治療者が母子（夫婦）を引き受ける方がいい場合もある。いずれにしろ、治療者が全体的見たてに基づいて決定し、その決定にふさわしい覚悟をもって臨まねばならない。

最後に、日本語にある「相性《あいしょう》」という面白い表現について一言。おそらくこれは、二人の人間にとって未知の発展の可能性に対する漠然とした認識のことではないかと思われる。そんな意味で、見たてのなかで、「相性」ということも考慮に入れるべきだと思うし、これについて、もう少し組織的な研究を行なってもいいのではないか、と思う。

文　献

河合隼雄（1992）『心理療法序説』岩波書店
森野礼一（1995）「臨床心理学の歴史」In 山中康裕、森野礼一、村山正治編『臨床心理学1―原理・理論』創元社
中村雄二郎（1977）『哲学の現在』岩波書店

第2章 臨床心理学の理論

研究対象としての人間

臨床心理学にはいろいろな理論がある。臨床心理士として実際の仕事をする上において、それらの理論を知らずにいることはできない。しかし、それは医者が医学の理論に頼ったり、電気器機の修理をする人が、電気に関する理論に頼ったりするのとは異なることを、はっきりと認識している必要がある。

臨床心理学における「理論」が他と異なるものである要因は多くある。それの第一が人間の個別性ということである。臨床心理学は個々の人間を大切にすることから出発している。そこでは人間が一人ひとり固有の存在であることを認めており、それを強く主張するときは、人間全般に関する「理論」をもつこと自体がナンセンスということになる。治療者もクライエントも一人として同じ人間はいないのである。

次に、上記のこととも関連するが、人間を研究しようとする主体も人間である、という事実がある。したがって、完全な対象化ということは起こり得ない。このことを忘れて、臨床心理学を近代科学の理論と同じと考え、それを誰にでも適用しようとするのは誤りである。このことをわれわれはよく弁えていなくてはならない。

人間が人間に対するという意味においては、臨床心理学の実際的行為は、近代科学よりも、むしろ、芸術やスポーツの方に近いのではなかろうか。アルベルト・シュバイツァー Albert Schweitzer は、医学に対しても、「医学は単なる科学ではなく、医師と患者の個別性を相互作用させるアートである。この思いを常に新たにすることは、われわれの義務である」と言っている。ここで、「単なる科学ではなく」と述べている点が注目に値する。つまり「科学」としての面をもっていることを認めているわけで、臨床心理学においてもこのような面があるが、その点については次節に述べる。

スポーツや芸術などの面を強調するならば、「理論」など知らなくとも優秀なスポーツマンや芸術家がいるように、「理論」を知らない優秀な臨床家はいるだろうか、という疑問が生じてくる。このことは、ある程度肯定せざるを得ないであろう。しかし、それは、「素人でもできる」ことを意味しないことは、スポーツや芸術の場合を見れば明らかである。それらがほんとうにできるためには、相当な修練を必要とする。ただ、そのときに、必ずしも「理論」を知っていなくともよいということである。そして、「理論」を知っているだけでは――いくらよく知っていても――スポーツマン、芸術家として認められないこともある。これらのことは、臨床心理士の場合もそのまま通じることである。「理論」をあまり知らなくとも、有能な臨床心理士はあり得るし、理論をよく知っているだけでは、よい臨床心理士とは言い難い。

臨床心理の場合は、芸術やスポーツの場合ほど、理論抜きでも可能とは言い難いところがある。それは、人間がいかに個別的であると言っても、それぞれの人間の世界観、人生観、それにいろいろな知識などはバラバラに存在しているのではなく、それなりの体系や統合性をもっているからである。したがって、それに接近してゆくためには、何らかの体系化された枠組みをもつ必要がある、つまり、何らかの理論を必要とするのである。

臨床心理学の理論が他と異なる要因として、人間という存在が常に変化する、ということがある。電気器機のように、対象が一定の固定したものではなく、人間は常に変化するし、むしろ、いかに変化するかということを課題としているのが臨床心理学である、と考えられるので、対象が常に変化することを念頭において、理論を考えねばならない。このような点も、常に意識している必要がある。

以上述べてきた諸点から考えて、臨床心理学の理論が他の分野に比して、相当に特異なものであると言えるであろう。二〇世紀に近代科学を基礎とする科学技術があまりにも発展し、それによって人間は多くのことを自分の意のままに支配し操作することができるようになったので、すべてのことにその思考パターンを適用しようとしすぎる傾向がある。このことが現在の人間関係に歪みをもたらし、そのために心に関する問題も生じているとも言えるので、それに対応する臨床心理士としては、生きている人間が生きている人間に対する職業につくものとして、近代科学的思考に縛られすぎないように、常に意識していたいものである。

客観的事実

以上に述べたような考えは、最近になって明確になってきたことである。臨床心理学も最初は近代科学に仲間入りをしようと努力を続けてきた。その間に明らかにされた事実や理論は、今も有用なものがある。それらのことは、臨床心理学においても重要なことであり、知っておく必要があるが、それをどのように用いるかについては、前節に述べたことと関連して、注意深く考えねばならない。

臨床心理学に必要な理論に関連してくるものとして、主として実験心理学と精神病理学とがある。しかし、ここで臨床心理学がこれらを「基礎としている」のではないことは、明確にしておかねばならない。すでに述べたように、臨床心理学のよって立つ考え方も方法論も、それらと異なるからである。

まず、発達心理学によって見出された、乳児より成人に至るまでの人間一般に通じる発達段階の研究がある。子どもを対象とする臨床家は、発達心理学の成果についてある程度知っている必要があるが、それを臨床場面においてどう生かすかは、相当な配慮を要することである。

発達心理学の段階は一般的平均的な数値を基礎としている。そのことを忘れて、「科学的」な研究に基づいている、という確信をもって、「この子は遅れています」あるいは、「進んでいます」などと告げるとき、母親がそれをどう受けとめるかについてまったくの配慮がない場合は、臨床家ということはできない。時には、「異常である」などと発言する人もあり、そんなときは、専門家からの断定を下されたとして、親の受ける傷は大きいものがある。このような訴えを聞く度に、筆者としては、「専門家」として取るべき態度について考えこまざるを得ない。

臨床心理士の専門性は、そのような判断や評価を単に告知するだけのものではなく、そこに示された事実をもとにして、その人およびその家族がどのように生きるかを援助することにある。したがって、その事実そのことも大切であるが、それを誰にどのように伝え、その後どのような援助関係をもつのか、などが非常に大切なことになる。

後者のような考え方から、「臨床的」な発達に関する理論がいろいろと生み出されてくる。この点については次節に論じるが、外的に観察し得る行動のみを対象とするのではなく、本人が主観的に体験することの方に焦点を当てて、その発達の過程を研究しようとするもので、むしろ「成長」という概念によって記述されることが多い。

この点について極めてわかりやすい例としては、たとえば、発達心理学では、乳児期より成人に至るまでの行動の変化を記述してゆくが、その考えによると「成人」になってしまった人間は、そこで一応は発達が完了したことになる。したがって、「中年心理学」などということは考えられるはずがない。しかし、実際は中年において心の問題に悩む人は多く、臨床的には「中年心理学」は非常に大切なことになる。臨床心理士としては、それに関する理論を学ぶことは必要である。

このことは、乳幼児の発達に関して、発達心理学者によってもたらされた知見よりも、深層心理学の諸学派の説くことの方が、実際的な臨床場面において役立つという事実にも示されている。このあたりのことをよく弁えていないと、臨床家は、ある「理論」をクライエントに押しつけて考えるような誤りを犯すことにもなる。

精神病理学のもたらす成果についても、上記のことと同様の配慮が必要となる。たとえば、てんかんの場合、薬物による治療が大変有効であるが、そのことを知らずに、てんかんの人の心理療法のみをして十分と考えるのは誤りである。したがって、臨床心理士は、「てんかん」と病理診断ができないにしても、その可能性のある人に対して、早く専門医に紹介することができなくてはならない。「てんかん」のなかには、薬物療法と共に心理療法も併用することが望ましい場合もある。このような意味で、てんかんに関する精神病理は、臨床心理学において必要になる。

クライエントに面接し「見たて」を立てるときに、精神病理学の理論や知識をある程度もっていなくてはならない。統合失調症や抑うつ症の人を、精神科医に紹介することなく臨床心理士が面接していてはならない。これらの人に対して心理療法をすることはある。しかし、それは常に精神科医と協調して行なわねばならない。

ユング Jung, C.G. は精神科医として出発したときに、どのような治療を行なうべきかを考えるため、当時の学術雑誌の論文をつぎつぎと読んでいった。彼はそこから多くの「知識」を得ることはできたが、実際に患者にどのように接するべきかについて、何らの情報も得ていないことに気づいた。端的に言えば、それによって得た知識は、実際の臨床行為をするために何らの指針も与えてくれるものではなかったのだ。患者の客観的状況、病理診断は必要である。しかし、統合失調症、神経症などと診断した上で、果たしてそのような患者に対して、何をどうするのがもっとも治療的であるか、については Jung 自身があらたに考え出すより方法がなかったのである。

それより少し先にフロイト Freud, S. も同様の課題に直面していた。そこから彼は精神分析の体系を打ち立ててくるのだが、フロイトにしろユングにしろ、彼らの「理論」は臨床の実際と分かち難く結びついている、というよりは、むしろ、実際の治療活動が先行したと言ってもいいほどである。臨床心理学の理論について考えるとき、このことは決して忘れてはならないことである。

主観的体験の客観化

臨床心理学において心理療法の問題を考える場合、まず対象となるのは、クライエントの主観的体験である。訴えとしては、不眠とか吃音とか、あるいは統合失調症者の一般人には不可解な行動とか、客観的に観察し得る行動であっても、クライエントに接するときに大切なのは、クライエントの主観の世界である（行動療法はこれと異なるが、それについては後述する）。

ここで興味深いことに、フロイトもユングも自らの病的体験の自己治癒の過程を基にして、それぞれの理論体系を築きあげている。このことはエランベルジェ（エレンバーガー）Ellenberger の「創造の病」の考えによって、その意味が明確にされたのは周知のとおりである。フロイトもユングもその理論はできる限り普遍性をもつように努力しているが、その基礎になるのは個人的体験である。彼らはもちろん、自分の打ちたてた理論こそ、「普遍的」と思っていただろう。だからこそ、各学派間で激しい論争――あるいは攻撃――が繰り返された。しかし、現在に至っても、それらが解消され、統一理論が生まれることはない。このことは、深層心理学が近代科学とは異なる性質をもっていることを示している、と考えられる。可能な限りの客観化、普遍化の努力はなされているが、基礎になっているのは個人的体験なのである。

「近代科学」ではないから駄目だとか無用だと言っているのではない。研究対象や行為の性格上、そうならざるを得ないのであり、そのことを明確に自覚することによってこそ、臨床心理学が有用になると考えるのである。近代科学の理論のように、対象に対していつでも理論が「適用」できるものではないことを、まず知っておくべきである。クライエントに対して、「あなたの問題の根本は、エディプス・コンプレックスである」とか、「あなたの母親は、グレートマザー的である」とか言っても、少しも問題は解決しないことは、臨床家なら誰でも体験していることである。そのときに、その理論が正しくないからだ、というのではなく、そもそも、理論をクライエントに適用しようとする態度が間違っているのである。

心理療法の根本は、クライエントがいかにして、その自己治癒力を活性化し、それによって治癒の過程を進むかにある。治療者の役割は、それを援助することにある。ところが、最初は「治療」ということに焦点を当てて面接が行なわれたのであるが、自己治癒力というのは、人間に内在する自己実現の力の一部であり、自己実現の過程をどのように進むかという点に関心が向けられるようになった。このため、臨床心理学の理論は、治療理論であることを超えて、人間の成長の理論になっていった。ただし、ここにおいても、人間の成長をいかに考え、その段階をどのように設定するかなどの点において、各学派間に相異があり、根本的には、クライエント個人の体験を中心とすべきことにおいては変わりはない。

心理療法の過程が人生そのものとかかわるようになったので、その理論も大いにひろがって、教育、哲学、宗教、文学などの分野と関連するようになった。したがって、臨床心理学の理論を考えるためには、多くの関連領域の考えや理論を無視できなくなったし、逆に、臨床心理学の理論が他の領域にも役立ったりするようにもなった。このため、臨床心理学の理論を述べるために、他領域の研究を用いたり、それに近似することを自ら行なったりすることが必要になってきた。この際、他領域の方に深入りしてゆくと、臨床の実際からあまりにも離れてしまう欠点が生じるので、留意しなくてはならない。あくまで、臨床心理の実際的な行為を中心として、それとの関連を見失うことがないようにしつつ、他領域の研究を行なわねばならない。

理論という場合、事象と事象の間の因果関係を明らかにする、という考えに縛られやすい。したがって、極めて単純に、たとえば「母源病」などという「理論」が信奉され、それを誰にでも適用するというような乱暴なことが生じる。ただ、このような考えによっても効果があがることがある点にも注意する必要がある。それは、治療者の提示する理論を、クライエントが「わが事」として受けとめ、その線に沿って努力する限り、それはある程度の効果をあげることができるからである。このことを忘れて、自分の理論や指示によってクライエントを「治した」と確信する治療者は、どのようなクライエントに対しても自分の「理論」を適用しようとして、時にはクライエントの心を傷つけることになる。

因果的に思考することは人間にとって受けいれやすいことなので、クライエントが自分なりに「原因」を考えて、それに対処しようと努力しているとき、治療者の考えている理論の範囲内に収まる限り、そのようなクライエントの努力を援助してゆくといいだろう。クライエントが何かの本を読んだり、自分で考えたりして見出した理論、あるいは「原因」などが、治療者の考えている線に沿わないときは、治療者は相当慎重になぜそのようなことになるのかを考え、検討しなくてはならない。クライエントの述べることがまったく荒唐無稽に思えても、ともかくそれを受けいれつつ検討してみることが必要である。

そうすることによって、そこに意外な展望が開かれ、新しい理論的考察が可能になることもある。どうしても受けいれられないときは、そのことをクライエントに告げることも必要である。

関係性

すでに述べてきたように、臨床心理学においては、まず近代科学的方法論によって研究し、理論を構築しようとしたが、対象が生きている人間であるということから、その方法だけでは効果的な理論が生み出せないことがわかってきた。そこで、むしろ近代科学の方法論とは異なり、研究者と対象との間に関係が存在し、その関係そのものを対象として理論を構築する必要性が感じられるようになった。

深層心理学においては、最初はこの問題を「転移」の現象として自覚させられることになった。フロイトはこれに気づいたとき、まず近代科学の枠組みで研究しようと考え、周知の「分析家の隠れ身」という方法によって、これに対処しようとした。このためにはまた、分析家が「教育分析」を受けることによって、必要な客観性を保って分析ができるようにすることも考えられた。

しかしながら実際に行なってみると、いかに「教育分析」を受けていようとも、分析家が純粋に客観的になれるものでないし、むしろ、分析家と被分析者との関係が、プラスの要因としてはたらくことも明らかになってきた。そこで、「逆転移」を積極的に取りあげて研究することの必要性が認知されるようになった。

一方、アメリカにおいてカール・ロジャーズ Carl Rogers は、クライエントの述べる悩みや内容、過去の出来事などを分析して、因果関係を明らかにすることなどは、まったく必要がなく、治療者の態度こそが重要であると主張したのは非常に画期的なことであった。よく知られている、彼の心理療法を成功させるための「必要にしてかつ十分なる条件」は、よく考えてみると、結局は心理療法において、いかに治療者とクライエントの関係が重要であるかを指摘しているものと言える。

彼はむしろ治療者の態度に焦点を当てているが、彼の言う「必要にしてかつ十分な条件」を満たすためには、治療者とクライエントとの関係を抜きには考えられないのである。しかし、彼も、当時の時代精神に影響されて、上記のことを近代科学の枠組みのなかで、実験的に検証し、ある程度肯定的な結果を得た。

ロジャーズが来日したときに、彼の研究は近代科学的な形をとってなされているが、たとえば、彼の提示する、empathic understanding とか、genuine などという考えは、そのことの本来の性質から考えても、操作的に定義することは不能ではないか、と質問した。これに対して、彼は、それはよくわかっているのだが、この程度の研究によってでも肯定的な結果を得たことに満足している、と答えた。彼もこの点ははっきりと自覚していたし、それだからこそ、晩年は、まったく固有な人間と人間との出会い（encounter）ということを重視し、先に述べたような研究はしなくなったと思われる。

ロジャーズが、心理療法においては、治療者とクライエントの関係のあり方が大切であることを指摘した功績は、極めて大である。しかし、ここで彼の言っていることを単純に理解すると、人間の心や生き方などに関する理論を何も知らなくとも、治療者の態度さえよければ治療ができる、ということになる。このことは、一時よく言われたように、臨床心理学や、精神分析学、の勉強などしなくとも、まったくの素人でも、その態度さえよければよき治療者になれる、ということになる。このことは、すでに述べてきたように、いろいろな理論を「勉強」したり「研究」したりした「偉い」人が、その理論を誰にでも適用して失敗するという誤りを繰り返してきたことに対する痛烈な批判として効果をもったが、このことを単純に信奉することはできない。

ロジャーズの主張していることは、たとえてみると、うるさい野球理論をこねまわしている人に「難しいことは言わなくとも、ヒットを打てばいいだろう」と言うのと似たようなところがある。根本を忘れて「理論」を振りまわす愚かさを端的についている。だからといって、この考えを押しすすめて、「素人でも誰でも、ヒットさえ打てればプロ野球の選手になれる」と言ってみても意味はない。要するに、ロジャーズの言う「必要にしてかつ十分なる条件」を満たすためには、相当な修練や研究を必要とするのである。

これらのことと関連して、深層心理学の諸派においても、転移／逆転移に関する研究やそれに関する論文が多く見られるようになった。心理療法における関係性がいかに重要であるかを反映している事実である。分析家のなかには、心理療法の全過程を転移／逆転移の現象に焦点をあてて考えようとする人も出てくる状況である。しかし、これも一方的に過ぎていると言うべきであろう。転移／逆転移のあり方は、治療者、クライエントそれぞれの状況に影響されているし、そのような心の状態をどう理解するかも重要であるからである。

行動療法においても、結局のところは治療者とクライエントの関係がキーになる。そのことと、治療者もクライエントも近代科学のパラダイムを信じていることを前提として成立しているのである。

概念・イメージ・物語

臨床心理学の理論を構築したり、それを理解したりする上で注意すべき、残された重要な点について述べる。それは、一般に「理論」と呼ばれるものは、一義的に定義された概念を用いて、それらの間の関係を論理的、合理的に述べることによって構築されてゆくが、臨床心理学の場合は、それが簡単には行なえない、という事実である。

すでに述べてきたように、臨床心理学の理論は個人的体験を基礎にしている。したがって、それを理解するためには、自分の体験を通じてなさなければならない。もちろん、理論体系をつくりあげるに当っては、できる限り普遍性や客観性をもつように努力されてはいるが、やはりそれは「体験知」であるという特性を打ち消すことはできない。

Freud はエディプス・コンプレックスを重視するが、それを「父子間葛藤」などと名づけずに、わざわざ「エディプス」と名づけたのは、それなりの意味があると思われる。古いギリシャ神話のドラマにこめられた多くの感情や意味合い、それらすべてを含んで、エディプス・コンプレックスという考えが提示されており、それを明確な「概念」として定義することは不可能なのではないだろうか。

このような明確な概念化を拒むものとして、エリクソン Erikson, E.H. の「アイデンティティ」、ユングの「自己（Selbst）」などをあげることができると思われる。

それらすべてに言語化以前の深い体験がある。言語化以前と言えば、それはイメージとして意識化されるものである。ここに言うイメージとは心像として視覚的に把えられることに嗅いや体感など、人間の存在全体としての言語化以前の体験を指している。

自己実現、人間の成長の過程を心理療法で大切にすることは先に述べたが、そのような過程が生じる深い体験は人間にとってまずイメージとして把握される。したがって、臨床心理学の理論において、イメージの研究が重要な役割をもつことになる。ところが、ひとつ大きい問題は、ユングが述べているように、「理念の特徴が明確さにあるとすれば、イメージの特徴は生命力にある」ために、イメージに関することを明確な言葉に置きかえることが極めて困難なことである。イメージに関する理論を明確に体系的に構築するのが、ほとんど不可能に近いのである。と言って、理論構築を急ぐと、それは生命力を失ったものとなる。

イメージ体験を概念化するのは、生命力を失う危険性が非常に高い。そこで、その体験を意識化し、他に伝達する方策として、「物語」ということが浮かびあがってくる。物語によって、意識と無意識がつながり、自と他とがつながってくる。あるいは、過去、現在、未来がつながってくる。自己実現の過程も「物語」として語るとき、もっともピッタリとした理解が得られるであろう。したがって物語の研究や、そこから導き出される理論が臨床心理学においては重要になってくる。いろいろなコンプレックスに物語の主人公の名が付されるのが多いのは、このことを反映している。

しかしながら、物語も意識への引きつけが強くなると、固定化や歪曲の誤りを犯すことになる。そこでまたイメージに戻ることになるが、やはりその不明確さに困惑することになる。かくて、臨床心理学の理論は、このあたりの行きつ戻りつを繰り返しているようである。

第3章 臨床心理学の研究法

臨床心理学と研究

臨床心理学にとって、その研究法の問題はなかなか困難で厄介とさえ言いたくなるほどの事柄である。これは端的に言えば後述するように、それが近代科学の方法論によっては解決できないこと、従来のアカデミズムのパターンに沿いにくいこと、などに起因している。もっとも、何であれそれまであったパターンに従うと評価も定まりやすいので、古い形や思考法に沿った研究法も、それなりの評価を受ける（あるいは、大学内では受けやすい）が、それが実際の臨床行為にどれほど役立つか、という点になると、ほとんど意味がないということになりがちである。

そこで、研究法を考える前提として、そもそも臨床心理学とは何か、ということを考えてみたい。臨床心理学の発生は、極めて実際的な要請から生じてきたことを忘れてはならない。フロイトやユングなどが深層心理学の設立を目指す最初のきっかけは、心の病いに悩む人をいかにして治療するかということであった。また、アメリカにおいてカウンセリングなどが盛んになるのは、非行少年やそれになりそうな子どもたちをどう指導するのか、という実際的な要請であった。いずれにしろ、そこに「個人」という存在がある。

そのような実際的な目的を遂行してゆく上で、「心」ということを考えざるを得なくなってくる。神経症の症状に悩む人は、自分でもそれはおかしいと知りつつなぜやめられないのか。あるいは、多くの非行少年と呼ばれる子どもたちは、自分の行為が「悪い」と知りつつ、どうしてやめられないのか。これらのことを明らかにするためには、当人の主観の世界を対象とせざるを得ないのである。

主観を扱うということは、研究法としては大変な困難に陥ることになる。それは、当人の主観は、当人の報告によってしか知り得ないからである。そこには、隠蔽や虚偽が入りこむ可能性が十分にある。したがって、このことを常に意識していなくてはならない。

臨床心理学において、上記の点よりもっと大切なことは、「人間は変化する」ということである。物理学の問題であれば、大砲の弾丸の軌道を予測するときに、「初期条件」が明確に与えられると、それによって微分方程式を立てるとかの方法が行われるにしろ、弾丸の軌道の最初から最後まで、弾丸の性質は不変である。このことが「予測」を可能ならしめる重要な条件である。ところが、人間は変化する。面接している間に、考えが変わったり、感情の新しい体験が生じたり、つまり、「初期条件」によってすべて規定されるどころか、極言すれば、面接の一回一回に「条件」は変化するのだ。そして、われわれはそのような変化を期待して仕事をしているのではなかろうか。

問題をより複雑にするのは、主観の世界を扱ってゆく限り、そこに「人間関係」ということが生じてくることである。近代科学の極めて重要な前提は、観察者（研究者）と観察される現象の間には関係がないこと、つまり、両者は完全に切断されていることである。このことによって、そこから得られる結論が「普遍性」をもつことになる。これが近代科学の強さであり、それと結びついたテクノロジーによって、誰でもマニュアルどおりにすれば、必ず同じ結果が得られる多くの便利な器械がつくり出されることになった。このようにして、われわれは近代科学の成果を毎日の生活のなかで体験しており、その有効性、信頼性の高さに満足している。

しかし、臨床心理学の場合は、近代科学の方法論をそのまま用いることはできない。それは、研究者と研究対象の間にどうしても「関係」が生じるからである。そこで、かつてフロイトが試みたように「分析者の隠れ身」という考えによって、関係を断とうとした。ところが、時代が経つにつれて、むしろ、治療者と被治療者との「関係」が、治療を促進するための大切な要件であることが明らかになった。これは深層心理学の各学派における、転移／逆転移の議論を追ってゆくとよくわかるところである。心理療法において、もっとも大切なのは、治療者と被治療者の関係である、と考える人たちもいるほどである。

この際、そのような関係の在り方を、できる限り客観的に把握し、それを記述することや、そこから理論を引き出してくる努力がなされ、それも「研究」としての価値をもつものであるが、その最初の出発点から、それは近代科学とは異なる方法によっていることを、よく認識している必要がある。

以上述べてきたような困難点をよくよく認識した上で、臨床心理学の研究について考えてみなくてはならない。さもなければ極めて安易な科学論になってしまうであろう。

人間の科学

人間を研究する、と言ってもいろいろな方法がある。たとえば、近代医学の場合は、人間の「身体」を客観的対象として、近代科学の方法によって研究し成果をあげている。このことは近代医学の目覚ましい発展として示されたが、実際の「医療」の現場においては、どうしても医者‐患者関係のことを不問にすることはできない。それと、近代医学の方法論の前提には、心と体の明確な分離ということがあるが、心身症の場合にはこの方法論が通用しないこともある。人間を「全体」として見ようとすると、近代科学の方法論は有効ではなくなる。これは、今日いろいろな代替医療が盛んになっていることの大きい要因である。

近代医学の例をあげたが、心理学においても近代科学の方法によって研究できることは多くある。これは、これまでの実験心理学の成果として示されている。問題は、臨床心理学の場合、どうなるのかということである。臨床心理学の場合は、対象とする人間が常に成長変化するという事実と、研究者と対象者との間の人間関係の在り方が重要になるという事実によって、近代科学の研究法にはなじまないことは、すでに述べたとおりである。そうすると、人間を相手とする科学において、それを「科学」と呼ぶための条件は何か、ということになる。それを考えてみると、次のようになるだろう。

（1）ドグマによらず、「事実」を第一とし、事実を基にして理論を構築する。
（2）理論や法則は、事実によって確かめられるべきで、それに反する事実が出現したときは、その理論や法則は棄却される。
（3）上記の「事実」は、観察者と対象者のどのような関係によって生じてきたのか、その「関係」の在り方をできる限り客観化して記述する。

人間の主観がかかわることとして宗教があるが、宗教の場合は何らかの超越者の存在が仮定され、そこから導き出される教義（ドグマ）によって論議をすすめてゆく。これに対して、科学の場合、ドグマを持たないところが特徴的である。ドグマよりもあくまで事実を優先させるのであるが、その「事実」がどのような人間関係を基にして生じてきたのかを、できる限り客観的に記述する必要がある。もちろんこれは、近代科学における客観性とは異なるものであることを認識していなくてはならないが。

以上の点に対してもうひとつつけ加えるべきことは、研究に際してできる限り「全体性」という観点をもとうとすることである。近代科学はものごとの「全体」のもつあいまいさを排除するために、むしろ鋭い切断を行うことによって研究の構築をはかろうとするのだが、臨床心理学においては「生きている個人」をあくまで問題とするので、切断を避けようとする。すでに述べた、観察者と被観察者を切断せずに考えることは、そのひとつである。心と体についても、その切断をせずに全体として人間を考えようとする。このような考え方をすることは、生きている人間を全体として捉えることを必要とする臨床心理学においては、有効ではあるが、その過程や結果について述べる際に、近代科学の方法は用いることができない。そこで何らかの工夫が必要になってくる。

上記のような考察を踏まえて、臨床心理学における有力な研究法のひとつとして、事例研究ということが浮かびあがってきた。つまり、研究者と現象も関係し合うし、心と体も関係し合うというように、すべてを「全体」として取り扱い、切断による論理構築を行わないために、ひとつの事例を全体として記述してゆくことが大きい意味をもつことになる。そして、すでに多くの人が経験してきたように、その研究は、発表した者のみならず、それを聴く者にとっても、大いに役立つのである。これは、近代科学の考え方によっている医学における「一例報告」とは、まったくその性質を異にするものである。このことを明確に認識しておく必要があるし、他領域の専門家に対しても、それを説明できる必要がある。

さもなければ、事例研究の研究としての適切な評価を得られないときがある。

事例研究の意義については、これまでにいろいろ論じてきたので、ここに詳述することは避けるが、ひとつだけ述べておきたいことがある。事例研究は極めて価値あるものだが、どのような事例研究も同等に評価されるべきではないことは、明らかなことである。そこで、最近では「事例検討」と「事例研究」を区別して考える動きも認められる。このことは、ただ事例を発表さえすれば「研究」として認められるというような安易さを防ぐ上で意味があるが、このことによって事例研究の評価を軽くすることのないようにしたい。何と言っても、研修のためにはそれが非常に強力であることは忘れてはならない。日本心理臨床学会において事例研究を重視したことが、わが国の臨床心理士の実力を高めるために役立ったのは、多くの人の認めるところであろう。臨床心理学の研究には、次に述べるようにいろいろな研究があるので、臨床心理学の研究イコール事例研究でないことは明らかであるが、わが国の臨床家がまだまだその能力を高めるべき状態にあるなかで、今後も事例研究を重視することは続けるべきと思う。

さまざまの研究

すでに述べたような臨床心理学の特性から考えて、まず心理療法の実際即研究ということが生じてくる。そのもっとも端的なのが事例研究であるが、ひとつの事例ではなく多くの事例を経過することから考え出されてくる研究もある。ある症状、ある疾患などをもったクライエントを何例か治療するうちに、共通的に見出されることや、留意すべき点などをあげることも考えられる。ここで注意すべきは症例の数を多くすることにのみ力を注いでしまって、心理療法の過程そのものがおろそかになることである。心理療法を通じて深い体験を積み重ねてこそ見出せることがあり、それは臨床心理学の発展に寄与するものであるが、表層的な事実について多くの例を集めても、あまり臨床的な意味を持たないこともある。

多くの事例に当たっているうちに、臨床的に役立つ新しい概念を提出する意味を感じることがある。そのような研究もこれまで多くがなされてきた。「無意識」などというのも、そのひとつであろう。これらのなかには臨床的に非常に有効で、人間理解のための鍵として用いられるものもある。その言葉を知っていることによって、クライエントの理解や、心理療法の状況を知る上で的確な把握ができるようになるのである。たとえば、E・H・エリクソンEriksonの提唱した、アイデンティティという概念も、そのような言葉のなかで、遂には一般的に使用されるまでに至ったほどの有用なものである。

ここで注意すべきことは、すでに述べたような臨床心理学の特性性のために、それが一般に言われる「概念」とは異なるところがある、という事実である。まず、それは近代科学のそれと異なることは、これまで述べてきたことから明らかであろう。アイデンティティという言葉を「操作的に定義する」試みが、臨床心理学を近代科学に近づけようとする努力のひとつとして、いろいろなされてきたが、結局のところは、それは臨床的に有用と感じるものから、どんどんと離れてゆくと感じられるのであった。

人間を常に成長変化し続けるものとして捉え、それを主観的体験としてどう考えるか、という点から生じてきた用語を、近代科学の概念として「研究」しようとするところに無理がある。

ロジャーズ Rogers は自らの提出した、無条件の積極的関心、共感的理解、自己一致などの「概念」をできる限り操作的に定義し数量化して、自分の仮説を検証する試みをした。その研究は多くの意味で画期的であり、彼の提出した概念は、現在もわれわれの助けになっている。しかし、本質的に考えると、彼の数量化によって捉えたことは、彼本来の概念とは異なっている、ということをロジャーズが来日したときに、私が指摘したことについては前章にすでに述べた。彼はそれを承知の上で、近代科学のよそおいをもって検証することが、多くの人に対して自説を納得させる上で役立った、というのである。このことについては、次節において、もう一度考えてみたい。

数量化を行わず、臨床的に有用な、あるいは深く考えてみるべき用語や概念について、文献的研究をすることも可能である。たとえば、アイデンティティということについて、いろいろな人の伝記や自伝などを比較したり、分析検討したりすることによって明らかにする研究が考えられる。あるいは、文学作品を素材とすることもできるであろう。

臨床的な概念でなくとも、たとえば、事例のなかで「転校」ということが重要な鍵となっていると感じたとき、児童文学のなかで「転校生」が主人公となっている作品を見出して、それらを比較検討することにより、転校ということから生じる心理的な問題についての理解を深めるという研究も可能であろう。このような場合、文学作品の検討が主となるにしても、それと関連する臨床例の体験があり、それと照合する方が、臨床心理学の研究としては望ましいものになるだろう。文学の研究とは異なることをどこかで明らかにする必要があるだろう。

あるいは、夢、絵画、箱庭などのクライエントの表現を治療において利用するとき、そこに示されたイメージの象徴性を特に重要と感じたとき、その象徴性について、神話・昔話のような物語や文学・芸術の作品によって理解を深めようとする研究もある。たとえば、「渦」というイメージについて、上記のような素材によって、その象徴的な意味を探索することもできる。「渦の象徴性」について論文を書くとしても、やはりそれと関連する臨床例を体験していることは、理解を深め、論文に厚みを与える点で有用であろう。

文化人類学、宗教学、文学など他領域における概念を、臨床的な事例の理解に役立つものとして示すことも研究のひとつであろう。たとえば、私はこれまでに「トリックスター」、「イニシエーション」、「リミナリティ」などの概念が、臨床例の理解に役立つことを明らかにしてきた。これらの概念によって事例を見ることにより、それに対する理解がより深くなるのである。

心の病いの諸相について考えることや、人間の世界観、人生観を考えることのために、哲学との関係を無視することはできない。認識論や存在論の問題と臨床場面において接するクライエントの症状や言説などとが深くからみ合ってくる。この際もすでに述べたような「概念」の臨床心理学的な特性を、どのように哲学の体系との関連において表現するか、という問題が生じてくる。また、この場合においても、われわれは臨床家として、実際の事例との関連において論じる態度を棄ててはならないであろう。

以上、数量化と関係のない研究のみをあげてきた。しかし、数量化による研究が現在も必要であることは論をまたない。たとえば次のような例はどうであろうか。

抑うつ症の場合、抗うつ剤の発達によって、心理療法よりは薬物による治療の方が有効かつ経済的と考えられてきた。ところが、アメリカにおいては、その後の経過を観察していると、薬物のみの治療の場合はよくなっても、しばらくすると再発することが多いこと、および、薬物と心理療法を併用していると再発が少ないと思われた。そこでそのことを数量的に調査研究をした結果が報告された。*Archives of General Psychiatry* 誌（vol.55 (9) : 816-820, 1998）によると、四〇名の抑うつ症の患者が抗うつ剤による治療を受け快復した。そのうちランダムに選択された者のうち半数は、心理療法を併用して受けたが、他の半数は薬物のみであった。二年間のフォローアップの間に心理療法を受けなかった者は、八〇％が抑うつ症が再発したのに対して、心理療法を受けたものの再発例は二五％であった。

これはひとつの研究例であるが、アメリカにおいては、このような研究を積み重ねることによって、ある症状に対してどのような治療を行うべきかが明らかにされつつある。このような研究は臨床的に有用であるが、抑うつ症のように、その症状の再発という現象によって治療の効果をみることが容易な場合はよいが、何をもって「治癒」と見なすか、ということも大きい課題であり、そのことを安易に考えて研究すると、それは何をしているのか意味がわからなくなるだろう。

何のための研究か

学術研究は、一見、研究のための研究に見えるようなことでも将来的には実際的なことに結びつくこともあるので、あまり性急な判断は控えるべきではあるが、自分のしようとする研究は、どのような意味をもち、どのようなことに役立つのかを考えてみる必要があるだろう。

私がＵＣＬＡの大学院生として学んでいたとき（一九五九～六一年）、当時はまだ近代科学主義の強いときであったので、Ph.Dをとるための研究が、直接的に臨床の実際と結びつかず、こんな役に立たない研究をしても仕方がない、何のためにするのかと院生が騒いだとき、指導教授のクロッパー Klopper教授が「臨床心理士の ego-strength の強化のために」と言ったことがあった。確かに、臨床心理の実際においては、治療者とクライエントの主観と主観のかかわりが重要になるが、この際、治療者の ego-strength が弱いと、クライエントに巻きこまれてしまって治療が進展しないどころか、失敗につながることもある。その点で、臨床心理学の実際的なことに従事するにしても、少なくとも一度は、ある程度客観的なアプローチを経験しておくべきだ、という考えである。

これも一理あるところだが、同じ客観科学の方法論によって研究するにしろ、できる限り実際的なこと関連をもつことをする方が望ましいと言えるだろう。ただこのあたりの難しいところは、すでに繰り返し述べているように、臨床心理学の特性のために、臨床の実際に近づけようとするほど、客観化が困難になるということである。研究者も研究を評価、判定する者もこのことはよく認識しておくべきだろう。近代科学の方法のみを「科学的」と考えて評価するのは、あまりにも一面的である。

臨床の実際との関連において研究するとき、面接法やそれの一種とさえ考えられる投影法などを、調査研究のためにもっと生かすべきであろう。ここには主観的関係が生じてくるが、その状況、程度などについて認識し記述することによって、ひとりよがりを避けることができるであろう。その上、研究を続けているうちに自分の臨床の実際に対しても参考となる体験をすることにもなろう。

臨床心理学は、最初は心の病いに苦しむ人や、非行少年の対処などということから生まれてきたが、その問題に深くかかわるうちに、人間の成長発達、人生の軌跡などについても、一般の人々も含めて考えざるを得なくなってきた。たとえば、このため、従来の発達心理学においては問題にされなかった「中年の心理学」が注目されるようになった。これに関する研究も盛んになったが、その基になったのは、中年の危機に相談に訪れた例の事例研究であり、多くの「面接法」による研究であることを忘れてはならない。臨床心理学は今後ますます、一般人の人生のサイクルにかかわることが増加すると思われる。そのことは、「自己実現」、「アイデンティティ」などのもともと臨床心理学の用語が、極めて一般的に用いられるようになった事実に反映されている。それだけに、これらのことに関する「研究」も必要となるが、そのとき臨床心理学的な研究こそ、一般の人々に対して意味をもたらすのであって、この本来の考えからかけ離れた、近代科学の方法論によるものはあまり役に立ち難いであろう。

ロジャーズ自身も認めているように、彼の研究は、あの時代の時代精神に照らして、他を説得する上で有用であった。つまり、現在よく言われる accountability の問題である。アメリカにおいては、accountability を重視する傾向が強くなっているが、そのときの説明するべき第一の相手が「保険業者」である、ということとの問題点を、アメリカの同業の私の友人たちはよく指摘する。心の病いに関する保険が発達したのはいいが、保険業者が納得しない限り金がでない。そこで彼らを説得しようとするとき、やはり近代科学、あるいは、近代医学の思考パターンはわかりやすいので、それに乗ってしまうと、心理療法の本質からずれたところで研究が行われ、それに基づいて心理療法の在り方も変えざるを得なくなってくる、と言う。

わが国においては、保険の問題はこれから大切となってくるので、このことはよく認識しておく必要があるだろう。むしろ、臨床の本質に根ざす研究によって他領域の人を説得することを考えるべきである。

先に紹介した抑うつ症の治療に関する研究は、有用な研究であるが、臨床の実際において直接的に役立つものではない。このような研究を多く行う研究者が臨床心理学の教授になることは認めるとして、その人が「教授」であるからというので、大学院生の臨床の実際の指導をはじめるとどうなるだろうか。

あるいは、このような人の論文が数多く、「客観的」であるのに対して、臨床の実際に多くの時間を用いている教授の、実際に基づく論文――それはそれほど多く書けない――の数が少ないことを低く評価するようなことがないだろうか。

「研究」と「実際」は、これまで示してきたように簡単にはなじみにくいところがある。これをどのように調和的に行ってゆくかが、常に臨床心理学の課題になっている。仕事の性格から考えて、ある程度その得意とすることが異なるのは致し方ないが、両者があくまで協調的に進むことが大切である。「研究」をしている人が大学教授になり、それは実際的に仕事をしている人よりも「上」であるなどという錯覚を起こしはじめると、「研究」と「実際」の乖離はますます強くなり、臨床心理学にとってマイナスのこととなるであろう。

臨床心理学の実際においては、時間的にもエネルギー的にも大きい消費を必要とするので、「研究」をしている余裕がないようにも思われるが、臨床の実際にひたり切るときは、知らず知らずのうちに自分の視野を狭くし、自分のもつ能力やエネルギーに対しても自ら限定を加えている傾向があるもので、それから脱却するためにも、研究的態度を持ち続けることが必要である。自分のしている臨床行為を、どのような言葉によって一般の人に伝えられるか、などと考えてみることも、すでに「研究」のはじまりである。それは他人にも自分にも役立っている。

このような研究の積み重ねによって、わが国のアカデミズムの世界の偏狭さが破られてゆくことが望ましいと思っている。日本の大学は今大きく変ろうとしている。このときに「研究」の在り方について広い視野をもって考えることが重要と思われる。

第4章 事例研究の意義

はじめに

臨床心理学の研究においては、事例研究が極めて重要である。そのことは臨床心理の実際に従事している者にとっては自明に近いことである。現に日本心理臨床学会においても事例研究を中心と考えて実行してきている。このことが、わが国の臨床心理学の発展に大いに役立ったことは、多くの人の認めるところであろう。

しかしながら、事例研究を研究の中心とすることは、多くの「学問」のなかにおいては、むしろ特異なことであり、臨床心理学が最近において急激に発展してきた今日において、臨床心理学における事例研究の意義について再考してみることは大いに必要であると思われる。まず、臨床心理学の発展と共に隣接の諸学問との関係が広く深くなってきたために、そのような「外部」に対して、われわれの考えが十分に説得性をもつかどうか反省することが必要である。次に、臨床心理学の「内部」において、事例研究があまりに一般化してきたので、その意義を忘れて安易になっていないかを反省する必要がある。それと共に、臨床心理学が「学会」として発展してくると、その「研究」が他の学問体系に影響され、近代科学のパターンを踏襲したものこそが「研究」であると考える思考法にとらわれてしまうことも反省すべきである。このような点を考慮しつつ、事例研究の意義について論じてみたい。

思い起こすと、臨床心理学における事例研究の重要性を明らかにする意図をもって、筆者が京都大学教育学部に奉職中に、大学院生らと共に、『臨床心理事例研究』を発刊したのが、一九七四年である。そして、その3号に、「事例研究の意義と問題点」と題して、隣接科学の研究者と共に筆者も寄稿している。これは、事例研究の意義を他領域の人に理解してもらおうとする意図が認められる企画である（苧阪他、1976）。これを読むと当時の苦労が思い出されるが、二十五年後の現在においては、当時より理解が深まってさすがに事情は変わっているなと感じられる。

当時に比して、臨床心理学およびその研究法としての事例研究の重要性は現在でははるかによく理解されているが、それは、われわれ臨床心理士の長年にわたる努力もあるが、外部から強力な助けがあったことも忘れてはならない。そのなかの大きいものとして、哲学者の中村雄二郎が「臨床の知」の重要性を明確に提示したことがある（中村、1992）。そこで、事例研究の意義を考える出発点として、まず、「臨床の知」ということを取りあげてみたい。

臨床の知

最近における科学技術の急激な進歩と、それによってもたらされる効用のために、科学万能の考えに陥りがちな現代人に対して、近代科学のもつ限界を明確にし、その意味を明らかにした点において、中村雄二郎の言葉は極めて価値あるものである。

近代科学は、観察者が研究する対象を自分と関係ないものとして切り離し、それを客観的に観察することに知見を得る方法によって、「〈普遍性〉と〈論理性〉と〈客観性〉という、自分の説を論証して他人を説得するのにきわめて好都合な三つの性質を合せて手に入れ、保持してきた」（中村、前掲書）ために、多くの人にこれが唯一正しいと思われるほど、強力になった。しかし、その方法論から考えてもわかるように、「近代科学が無視し、軽視し、果ては見えなくしてしまった〈現実〉」がある、と中村は主張する。それは簡単に言ってしまうと「一つは〈生命現象〉そのものであり、もう一つは対象との〈関係の相互性〉（あるいは相手との交流）である」と彼は言う。考えてみると、「生命現象」と「関係の相互性」こそ、臨床心理学が重要とすること、そのものなのである。

そして、中村雄二郎は、「近代科学の三つの原理、つまり〈普遍性〉と〈論理性〉と〈客観性〉が無視し排除した〈現実〉の側面を捉えなおす重要な原理として、ここに得られるのは、〈コスモロジー〉

と〈シンボリズム〉と〈パフォーマンス〉の三つである」と述べ、それは言いかえると、「〈固有世界〉〈事物の多義性〉〈身体性をそなえた行為〉の三つである」とする。これを体現しているのが、彼の言う「臨床の知」である。

臨床心理学が、この「臨床の知」を大切にするのは言うまでもないが、他領域においても、これまでの「学問」の枠組みをこえようとして、「臨床の知」を生かそうとする、臨床教育学、臨床社会学、臨床経済学、臨床哲学などと「臨床」と銘打つ学問がつぎつぎと誕生してきたことは、臨床心理学にとっても心強いことである。そして、そのいずれの領域においても、事例研究の有効性に注目しているようである。また、現代の医学があまりにも近代科学の枠組みにとらわれてきたので、中村雄二郎は、医学が「私が〈臨床の知〉と呼ぶものから遠ざかり、それに反したものになった」と指摘している。医学のなかにも最近になって、この点に関する反省が生じ、「臨床の知」を医学にもちこむ「医療学」を建設しようとする試みが生じてきているのは嬉しいことである（西村、1999）。医療学においても、事例研究は重要となるであろう。

臨床の知を追及してゆく上において、事例研究はなぜ必要だろうか。それは中村が臨床の知の特徴としてあげていることから導き出される。まず、「固有世界」ということがあげられる。臨床心理学において重要なのは、「個人」である。われわれはクライエントをひとりひとり固有の存在として見ようとする。したがって、臨床の知における事例研究は、近代科学における「一例報告」とは、本質的に異なるものである。後者の場合は、一般的な法則や傾向が明らかであることを前提として、それと異なる特異な例として一例が報告される。これに対して、われわれの事例研究においては、個々のクライエントが「新しい」のであり、「ひとつの世界」なのである。したがって、個々の場合において、それを適切に探索し記述することが必要になる。

次に「関係の相互性」について。この点が近代科学の方法論とまったく異なるところである。そもそも治療者自身が「固有の存在」なのであり、それが同じく固有の存在としてのクライエントに会い、そこに「関係の相互性」が生じてくるのだから、これは、一回一回の記述に頼らざるを得なくなるのも当然である。そして、その記述の際に、近代科学の場合は問題にならない「関係の在り方」に対する研究が重要になることも見逃すことはできない。深層心理学がはじまって以来、今日に至るまで、転移／逆転移についての論議を盛んに行ってきたのは、このことを反映している。

「事物の多義性」については、多言を要しないであろう。たとえば、不登校などという名で、多くの人をひとつにくくることはできない。あるいは、ある人が「火事」の夢を見たからと言って、それを一義的に解釈することなどはできない。人によって異なる多義性をもちつつ、ある事や物や人などが、ある人にとってそのときその場で、圧倒的な重みをもって顕われる。それを大切にしてこそ、一人の人の生きてゆく過程に寄りそってゆけるのである。

「身体性をそなえた行為」あるいは「パフォーマンス」について、心理療法とは一般的に関係が薄い、と考えるのは単純である。もちろん、ダンスセラピーや音楽療法など、多くの表現活動を重視する心理療法はある。しかし、それだけに話がとどまるのではない。ここで、「身体性をそなえた」と言われていて、「身体」と言われていないことに注目しなくてはならない。それは外的に見える形での身体の動きではなく、その人が主観的に生きている身体のことである。そういう意味では、それは言語による表現であっても「身体性をそなえた行為」であることもあり、心理療法が言語によってなされていても、その内実は身体性をそなえた行為になっていなくてはならないのである。クライエントの言葉に対して、「耳を傾けて聴く」、「耳をすます」などと表現される態度をとるとき、それはすでに「身体性をそなえた行為」になっていると考えられる。このようなことの自覚のないままにクライエントと話し合いを続けても、それは日常会話に近いものになってしまうであろう。これに対して、心理療法における言葉のやりとりが上述のようなものとなるときは、個別性が強くなり、個々の例に沿って記述し、研究するより他には方法がなくなるであろう。

このように考えると、臨床心理学における事例研究の意義が明らかになってくるのである。

科学・宗教・芸術との対比

臨床心理学は人間の生きることそのものに深くかかわるので、人間の行うさまざまの営みと類似するところが多い。臨床心理学の中核をなしているとも言える心理療法は、特にそのように感じられる。そこで、心理療法と近接する領域と比較しつつ、そこにおける事例研究の意義を考えてみたい。

心理療法の仕事は、古来から宗教家が行ってきた。文化によって宗教の在り方も異なるが、宗教家が心の問題を扱ってきたのは共通と言っていいだろう。宗教は身体の病気の治癒に対してもいろいろと試みをしてきた。呪いや儀式などがあったが、それはあまり効果がなかった。そのうちに、ヨーロッパにおいて近代医学が生まれ、それはたちまちのうちに宗教に対して優位であることを示した。宗教によるいかなる方法によっても駆逐できなかった伝染病などが近代医学によって消滅させられていった。

近代医学によっても治せないと思われていた病気、神経症も「科学的」方法で治せることを明らかにしようと努めたのが、フロイト Freud, S. である。彼は宗教を信じるのではなく、科学的な知識と技法によって、ノイローゼが治療されることを示そうとした。彼は自分の行う精神分析が「科学」であることを主張する反面、それが科学技術としてのテクノロジーにはなり得ないことをよく知っていた。従って、精神分析の理論を提示するときは、できる限り科学的なスタイルを取ろうとしたが、技法論においては、それが誰でもいつでもできるテクノロジーではなく、訓練を受けた者のみが個別の場合に応じてできる技法（アート）であることを強調した。このことを示そうとして、彼は有名な事例研究を発表したのである。つまり、彼の考えは事例によってこそ彼の言いたいことが一番よく伝わることを自覚していたのである。

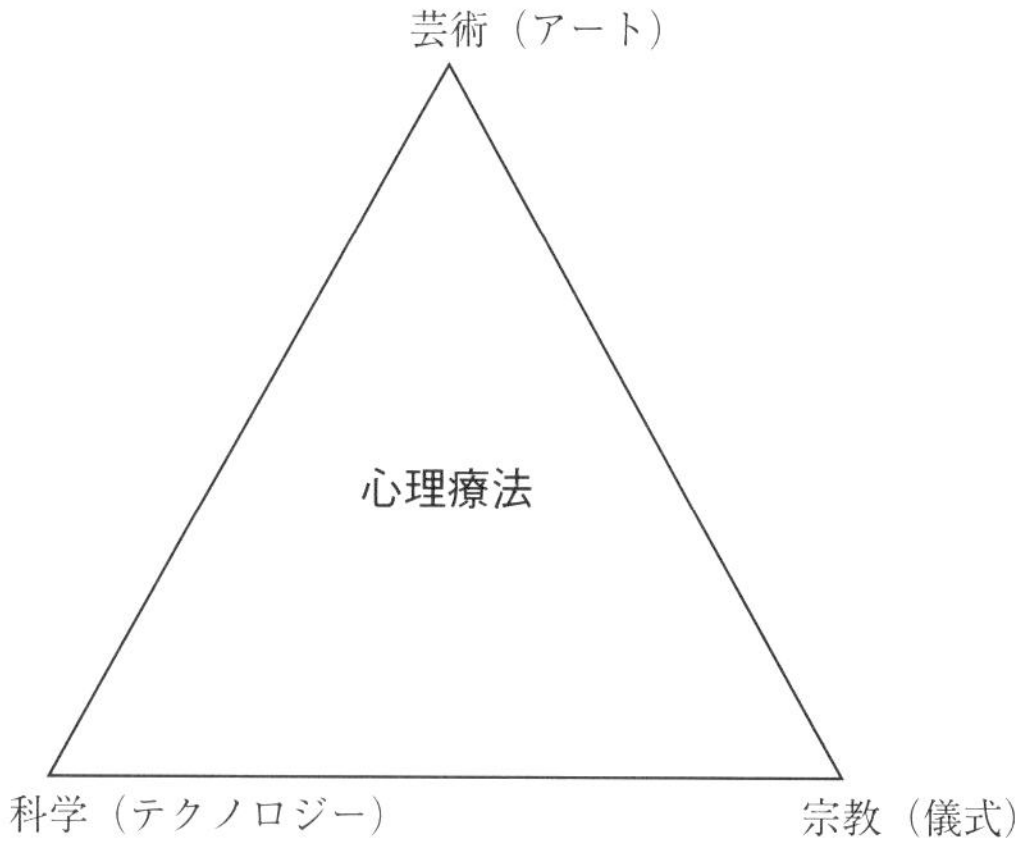

図1　心理療法の特性

フロイトは自分の仕事が宗教と異なることを主張しようと努力したが、彼の治療法が宗教ではないし、今日明らかなように科学でないとすると、彼の「アート」の重視から考えて、それは「芸術」に近いと考えてみてはどうであろう（図1）。おそらくこれに賛成する人は少ないであろう。われわれがある程度、固定観念としてもっている「芸術」とは、それはほど遠いことである。

ユングは、彼の『自伝』によると、彼が無意識との対決に苦闘していたとき、自分のやっていることは科学ではないとすると、何なのだろうと考え、芸術だという考えが生じてくるもののそれを否定したとのことである（ヤッフェ、1972）。

もちろん、心理療法は芸術ではない。しかし、両者の類似性について考えてみることは、事例研究の意義を論じる上で有用であると思われる。というのは、テクノロジーも、宗教における儀式も、それは誰がどのような場合において行うにしろ、なすべきことは明確に決められているが、芸術の場合は、まったく個別に異なるからである。

心理療法の過程において、クライエントの経験することは芸術活動に似ている。クライエントは一回限りの自分の人生をいかに生きるかについて苦闘しているのであり、彼の人生はまさに一つの「作品」とも言えるだろう。各人はそれぞれ自分の人生の物語を創作し、演出し、自ら演じなくてはならないのであり、できる限りそれと歩みを共にしようとする治療者は、その創作活動にいろいろな形で参画しているということができる。

もちろん、職業人としての芸術家は、自分の作品そのものによって生活しなくてはならない。その作品は何らかの意味で「美」の追求であるのみならず、それが自分にとっての表現であると共に他に対しても価値を有しなくてはならない。クライエントが心理療法過程で経験すること、あるいは、その人生そのものが、芸術作品に類似すると言っても、上記のような職業人としての芸術家の作品に要請されるような条件は考える必要がない。

ここで、「美」ということについても一言しておきたい。人間の生きること自体が「作品」であるという表現をしたが、その「作品」は別に美を追求しているわけではないだろう、という人もあろう。ここで思いだすのは、アメリカ先住民のナバホ族の生き方である。最近ナバホの人たち、特にシャーマンたちに会ってきたが、彼らのなかには、自分たちの言語には「宗教」という言葉がない、と言う人があった。生活と宗教が渾然一体となっているので、とりたてて「宗教」などという必要がないというのである。近代であれば先に図示したように、科学、芸術、宗教などと分類されるものが、「生きる」ことのなかに不可分に混じり合い、その全体についての知恵をもつのがシャーマンと言えるだろう。それではそのような生きること全体において最も大切なものは何かと問うと、「美」という答えが返ってきた。この点についての詳論は他に譲る（河合、2000）が、このような考えは、筆者が、生きること、あるいは、心理療法の在り方を考える上で、「芸術」を類似性の高いものとしてあげることのひとつの裏付けとなると思われる。

心理療法における事例研究の意義を考える際に、科学や宗教について考えるよりは、芸術における作品との類比を考える方が実際的であると思う。

個より普遍へ

近代科学の強さの要因のひとつとして、「普遍性」があげられる。これに対して、事例研究はひとつの特異な例としてしか意味をもたないのであろうか。すでに述べたように、それは近代科学の視点に立つ限りそうである。しかし、これまで論じてきたような臨床の知の立場から見るとどうなるであろう。

抽象的な論議をする前に、具体的な例を考えてみよう。たとえば、事例研究において、ある治療者が、抑うつ症の五〇歳の女性から夜中に電話があり、今から自殺しますので、最後の挨拶をしたいと思って、と言われた、ということを報告した場合を考えてみよう。この際、参加者のなかで、自分はスクールカウンセラーだから、こんな事例は関係ない、と思う人はいるだろうか。あるいは、その後の経過を聞いて、うまく事が運んだので、「そのとおり」のことを自分も似たようなことが起こったときにやってみようと思う人がいるだろうか。あるいは、それは特別な場合で、自分と無関係と思う人がいるだろうか。そんなことはなく、すべての人が自分のクライエントの性、年齢、症状などと関係なく、学ぶところがあると思って聴いている。だからこそ、事例研究を主体とする学会においては、報告を熱心に聴く参加者が多いのである。

このことをどう考えればいいのであろうか。近代科学の普遍性は、研究者の主観と無関係に現象を研究するという方法によって得たものであり、これを没主観的普遍性と呼んでおこう。この際、発表者が、条件a、b、c、……のもとにおいて、AならばBが生じると言った場合、それを聞く者に対しては、そのままの事実がコミュニケートされる。そして、それは普遍的なこととして、いつでも、誰もが、どこでもそのまま用いることができる。これに対して、事例研究においては、発表者およびクライエント、そして参加者すべての主体性は生かされねばならない。そこにおいて、発表者が、条件a、b、c、……のもとで、AならばBという発表をしたとき、それを聴く者は、むしろ、条件a、b、c、……の方は捨象してしまい、その発表全体から喚起される、間主観的な普遍性をもつXを媒介として、自分の心のなかで、A→Bと類比し得るA'→B'を思い浮かべ、得るところがあったと思う(図2)。これは参加者の主体によって変化し、A''→B''となることもあろう。しかし、そこに共通的に、

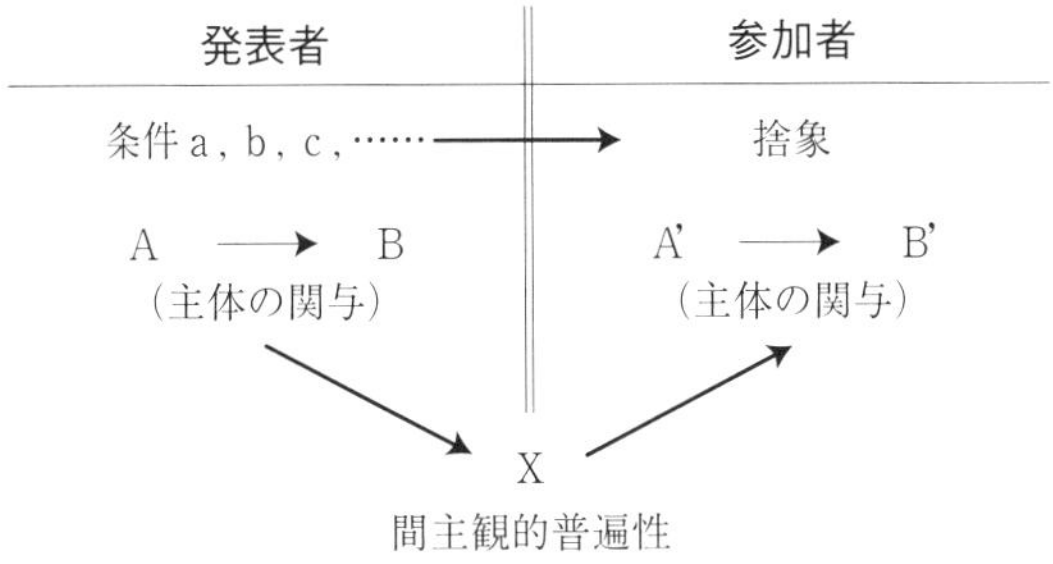

図2　事例研究のコミュニケーション

間主観的普遍性をもったXを媒介としていることを忘れてはならない。

ここで大切なことは、ここに示した間主観的普遍性をそなえたXは、直接的に表現不能である、という事実である。それは人間の主観と主観のからみ合いを通じてのみ感じとられるものであるだけに、主観を通じてしか表現できず、従って没主観的普遍性のように直接には表現できないのである。

しかし、ここに示したようなことが、すべての事例研究において生じるとは限らないことを留意しておかねばならない。あくまで、個人を大切にして、主観と主観のかかわりにコミットすることにより、個より普遍に到る道があるとは言っても、そのようなことをあまり感じさせない事例研究があることも事実である。このことは次に述べる事例研究の評価につながってゆくだろう。

間主観的普遍性そのものは言語によって表現できないと述べたが、だからこそ事例研究が必要なのである。個々の事例を通してのみ、それに接近することができるのである。中村雄二郎は、「科学の知は、抽象的な普遍性によって、分析的に因果律に従う現象にかかわり、それを操作的に対象化するが、それに対して、臨床の知は、個々の場合や場所を重視して深層の現実にかかわり、世界や他者がわれわれに示す隠された意味を相互行為のうちに読み取り、捉える働きをする」と述べている。彼の言う「隠された意味」は、先の図に従って言えば、個々の事例の詳細を語ることによって浮かびあがってくる、間主観的普遍性とのかかわり、ということになるであろう。

事例研究の評価

事例研究の評価はなかなか難しい問題をはらんでいる。それは、このことに対しても近代科学の「研究」の考えが知らず知らずのうちに影響を与えるからである。研究論文は、何らかの意味で「新しい」要素をもっていなくてはならない、と考える。そう考えた場合、ある事例研究が「新しい方法」や「新しい概念」を提出していると価値がある、と考えるのは、近代科学の影響を受けている。もちろん、このこと自体は間違っているわけでもない。たとえば、フロイトの提出したいろいろな事例研究を、このような観点からも高く評価できる。

しかし、臨床の知の探索が芸術との類比性の高い点から見てみると、次のようなことが言えるだろう。たとえば、絵画にしろ、小説にしろ、新しい手法を開拓したり駆使したりしていても、芸術的インパクトが小さい場合、それらの作品は評価されないであろう。これと同様に、心理療法における新しい手法や概念を提示する事例研究であっても、筆者の表現する、間主観的普遍性へと向かう力の弱いものは、その事例を聴いたり読んだりする人の受けるインパクトも弱く、益するところも少ないし、その価値は低いと言わねばならない。下手をすると、それは研究のための研究に終わってしまう。

これに対して、明確な形での「新しい」技法や概念を提示するものではなくとも、じっくりと取り組んだ事例報告に接した者が、新たな意欲をかきたてられたり、多くの新しいヒントを得たり、新しい感動を与えられたりするときは、それは芸術作品の評価の場合と同じく、高く評価されるべきではなかろうか。そうして、それは目新しくはなくとも、実は潜在的には何らかの「新しい」要因をもっていると思われるのである。

事例研究の評価においては、上記のような配慮が是非必要である。さもなければ、目新しい概念や技法の提示に焦りすぎて、底の浅いものになってしまう危険性がある。

次に大切なことは、事例研究は訓練としての意味も大きいことである。上述したように「研究」としての評価は高くないにしても、事例研究そのものは、臨床心理士の訓練の中核である、と言ってよいであろう。これは芸術作品と言っても、文字どおりピンからキリまでいろいろあるのと同様である。しかし、レベルは低いにしろ訓練のために事例研究をどんどんと行うべきはもちろんだが、その質を考えず、ただ事例の報告をしただけで、自分は「研究」をしていると安易に考えないことが大切である。自分の行っている事例の報告が個々の事実を記述しているものでありながら、それが先に述べた間主観的普遍性を通じて、どれだけ他の事例ともつながるものになり得ているかについて考慮すべきである。

旧来の「学問」や「科学」にとらわれず、新しい知の在り方を求める努力の一環として事例研究があることをよくわきまえ、その意義を考えつつその発展につくすべきである。

文　献

ヤッフェ編、河合隼雄、藤縄昭、出井淑子訳（1972）『ユング自伝1』みすず書房
河合隼雄（2000）『ナバホへの旅　たましいの風景』朝日新聞社
中村雄二郎（1992）『臨床の知とは何か』岩波書店
西村昭男編（1999）『医療科学　原点から問いなおす』医療文化社
苧阪良二、中島誠、藤縄昭、河合隼雄（1976）「事例研究の意義と問題点」『京都大学教育学部心理教育相談室　臨床心理事例研究3』

第5章 因果的思考と非因果的思考

心理療法の科学性

「心理療法は科学であるか」、「心理療法をいかにして科学的に行なうか」は、臨床心理学を専門にするようになって以来、私の懸案であった。若いときは、「科学的でない」ことは、すなわち「信頼できない」ことであると思うほどで、だからこそ、最初は数学を専攻したのだった。このことを長年にわたる心理療法の実践のなかで考え続けているうちに、そもそも「科学」とは何か、ということを考えざるを得なくなった。

結論的に言えば、近代科学の方法は心理療法には適合しない。それは、近代科学においては、研究すべき対象が一義的に定義され、研究者と対象の間に判然とした区別が存在することが前提となっている。しかし、心理療法においては、クライエントの自主性を尊重し、かつクライエントが生成しつつある存在として、常に変化する可能性を考慮にいれていなければならない。その上、心理療法においては、治療者とクライエントの関係の在り方が非常に大きい要因になっている。これらの点から考えて、われわれは近代科学の枠組みにとらわれない、新しい科学を構築してゆかねばならない。

その上、心理療法においては、クライエントの主観の世界を対象にしなくてはならない。それに治療者の主観がかかわり合ってくるのだから、ますます複雑な状況になる。しかも、各人の主観の世界は、個性ということを重視する限り、ひとつとして同じものはないのだから、そのことを前提とする限り、ますます近代科学の方法は使えなくなる。

もちろん、人間全体として、あるいは、ある文化に属する者全体として、ある程度共通の心の在り方ということは言えるので、一般的なことも言えるが、それは常に「ある程度」であることを認識していなくてはならない。物理学の法則のようにはいかないのである。

近代科学とそれに基づくテクノロジーが、全世界を席捲するほどに強力になったのは、そこに見出される因果法則を用いることによって、人間が自然を支配し、あるいは、操作することによって自分の望む結果を得られるからである。これがあまりにも成功したので、その方法を人間に対しても適用しようとすると誤りを犯してしまう。

因果的思考は、後にも示すように便利であり、それを否定するのではないが、それをどのようにしてどのような対象に用いるかについては、よく考えてみる必要がある。そして、心理療法の場合は、因果的思考のみではなく、非因果的な意味のある事象の連関、ユング Jung が共時性（synchronicity）と呼んだことも考慮に入れる方が望ましいと考えている。この点も後に詳しく述べる。

以上、これまでも主張してきているようなことの要約を述べたが、実は最近に筆者が編集して出版した『心理的療法と因果的思考』（河合、2001）についての書評（石坂、2001）を読んでいると、筆者のことを、「オカルティズムの信奉者」、「神秘主義をふりかざす一派」などと断定してあるのを見て、これに対して誤解をとく必要があると思ったので、ここに、前掲書とは根本的に同じ立場ではあるが、心理療法の実際に即して、もう少しわかりやすく書く必要を感じ、本稿を書くことにしたのである。もっとも、この書評は上記のような断定に見られるように、誤解というより曲解に近く、政治的意図でもあるのかと思われるほどであるが、このような重要な問題については、いくら論議を重ねてもよいと思うので、あえて再度、因果的思考のことをここに取りあげたのである。

因果的思考の効果

心理療法の場面において、因果的思考による考え方や、対話が行なわれることは多い。たとえば、子どもの問題で来談した母親が、面接を続けているうちに、「これまでの私の子どもに対する接し方が厳しすぎたから」子どもの問題が生じたと言い、その態度を変えてゆくと、子どもの問題が消失した。こんなとき、母親の厳しい養育態度が子どもの問題の「原因」であった、と言う。

ものごとはそれほど単純ではない、と言う前に、このような思考法が効果的であったことを、まず認めねばならない。その大きい要因は、このような因果的思考をクライエント本人が思いつき、その方向に従って行動し、治療者もその歩みを共にできたからである。

このとき、クライエントの思いつきではなく、治療者が「子どもさんの問題の原因は、母親の養育態度です」と指摘、あるいは助言することによって事が運んだ場合はどうであろう。このときも母親がそのことを納得し、態度を変えてゆくと、うまくゆくだろう。つまり、どちらが先に言ったとしても、クライエントがそれを自らのこととして受けとめ、その方向に従って行動する限りうまくゆく。この際、人間というものは因果的思考が好きなので、そのような説明は、クライエントに受けいれられる限り、うまく事が運ぶのである。

ここで困るのは、治療者がこのような成功例を基にして、因果的思考による助言によって、自分がクライエントを「治した」、「治してやった」と思い、その方法を何時でも誰にでも適用しようとすることである。治療者の考える因果的思考をクライエントに押しつけようとしても、クライエントはそれに従わないことが多い。そこで中断が生じても、「あの母親は仕方のない奴だ」と、クライエントを攻撃するだけで、治療者は安閑としている。このようなことがもっと強くなると、因果的思考によって誰かを攻撃するだけになってしまって、大山泰宏が指摘するような「因果性の暴力」という問題が生じてくる

（大山、2001）。

因果性の暴力の問題は、あちこちに生じているようだが、このようなことが生じる要因のひとつは、どうしても人間というものは、自分が誰かの「援助をした」、あるいは、自分の「おかげ」で誰かがよくなったとか、助かったとか考えたい欲望が強いことだと思われる。そこには、ひそかな「支配欲」も関係しているかもしれない。因果的思考によって忠告したり、助言したりして成功したときは、上記のような欲望が満たされることが多いからである。

しかし、因果的な問題の追求は、しばしば「悪者探し」あるいは「犯人探し」になってしまう。こうなると、誰もが犯人にはなりたくないので、家族、あるいは、援助する者の間で、争いが生じてくる。誰もが問題解決に熱心に取り組んでいるようだが、実のところは、何とかして自分が「犯人」にならないように、自己防衛のための理論構築や攻撃を繰り返す。ほんとうは、互いに協力し合うべき者がバラバラになってしまうので、かえってうまくゆかなくなる。このようなときに、筆者は、「原因を探し出そうとするのではなく、どうすればいいのか、今ここでできることを考えましょう」と言うようにしている。

そして、たとえ話として、自動車のタイヤがパンクしたときに、その「原因」を調査しているよりは、ともかくタイヤを取りかえた方が、車はすぐに走れるでしょう、と言ったりする。もちろん、原因調査は広い意味では役立つこともあろう。しかし、この際、ともかく、車をできるだけ早く走らせる、という点から考えると、その場でできることをするべきだ、ということになろう。

次に、種類の異なる因果的思考について、考えねばならない。それは、思いがけない不幸に見まわれて抑うつ状態になっている人に、「前世の因縁」などという「因果的」説明をし、その人がそれに納得することによって、健康を回復するような場合である。この場合は、クライエントが主観的にその因果的説明を納得して受けいれたことが治療への大切な要因になっている。この際、日本語の「納得」という表現は便利である。単なる知的理解をこえて、人間全体としてそれを受けいれている、という感じがするからである。

この際も、この方法は一般化できない。つまり、その因果的説明を納得しない人がいるからである。このような類のものとして、たとえば、先祖の供養がされていない、墓相が悪い、などというのがあり、その忠告に従って、供養をしたり、墓相を変えたりしても、それは、効果のあるときとないときがある。

近代科学の強みは、その条件に明確に当てはまるときは、その結果が確実にわかる、あるいは、その確率がわかっている、ということであるし、その説明は「普遍性」をもっていることである。

これに対して、上記のような場合は、結果については保証はない。しかし、成功する場合もあることは事実である。

治療者として、クライエントから、近代科学によらない主観的因果律とでも言うべき方法について、それをするべきかどうか相談を受けたときにはどうすべきであろう。たとえば、「墓をつくりかえようと思うのですが」などと言われた場合である。このようなとき、まず大切なのは、そのことに直接的に、諾否を答える前に、クライエントがそのようなメッセージを発してくる意味について考えてみることであろう。それによってクライエントの一番言いたいのは、治療者に対する不満のときもある。「先生の方法は役に立ちません」、「先生はほんとうに熱心に治療していますか」と直接的に言う代りに、他によい方法がある、と言っているかもしれない。あるいは、この社会に対する絶望感のため、「ともかく、変なことでも信じるより仕方がない」と言っているかもしれない。そのように感じたとき、治療者は自分が重要と感じた話題を直接的に取りあげた方がよい。

クライエントが因果的説明として準拠する「宗教」があまりに危険なものであったり、あまりにも経済的負担を強いるようなものの場合、治療者はそれに反対せざるを得ないであろう。しかし、このときでもクライエントは、治療者が「どれほど真剣に止《と》めようとするか」にポイントをおいていることもある。論理的に意見を言い合っているように見えても、大切なことは感情的関係、という場合もある。

便宜的因果性

因果性の暴力ということを指摘したが、この点については、心理療法家は特に留意しておかねばならない。したがって、われわれはまず、早急に原因を探る態度をとらず、クライエントの自主性を尊重して、そこからどのようなことが生じてくるかに注目しようとする。これはそのとおりであるが、他方、人間というのはいかに因果的思考が好きか、ということを忘れてはならない。ものごとの因果関係がわからぬと、すぐ不安になったり、イライラしたりする人は多い。そして、心理学者は、心の問題に関して、すぐに「原因」を見出し、その「対策」を考える人である、という期待を持っている人も多い。

そこで、子どもが不登校になったりすると、すぐに「原因は何か」と、親や教師から尋ねられる。そのときに「原因はわかりません」とだけで突き放すのは、よくない。心理療法家にとって非常に大切なことは、「関係性」ということであり、クライエントの家族や、教師などと関係が切れてしまっては、心理療法が進展しないことが多い。

そうすると、クライエントの家族が、「この子の気の持ちようが原因なのではないか」とか、「夫婦の共働きが原因」などと、それなりの因果関係を申し出て来られるときは、どうすればよいのか。これらに対して、精神科医の中井久夫は「専門家ふうに笑い去るべきものではない。そこには父母性が働いているからだ」と述べている（1982）。これは名言である。そして、その因果的思考に対してではなく、親の気持ちに焦点を当てて、「親心としてもっともですね」、「お子さんのことが心配で何とかしたいお気持ちですね」などと、まず応答して、その後でゆっくりと次のことに移る。このような余裕が必要である。

心理療法を行なっているとき、どうしても他領域の専門家と接しなくてはならぬときがある。そのとき、特に相手が社会的地位が高く、権力をもっているときは、その人と争うことによって、クライエントが不利益を蒙る場合がある。そのようなときに「原因は何か」と訊かれたり、その人なりの「原因論」に同意を求められたりするときは、応答がなかなか難しい。この際、正面から争うのは不利と判断したときには、その後の過程の予測などをしつつ、便宜的な因果的説明をする方がよい効果をもたらすこともある。常に大切なのは、クライエントの利益である。しかし、それも長い、あるいは、広い範囲に及ぶ見とおしに立って行なうことが必要である。

原因 - 結果の線に沿って話し合いをすすめたり、説明したりするとしても、その因果的関係は物理学の場合と異なり、「便宜性」が関係していることをよく認識している必要がある。

人間が因果的思考が好きだ、という点は、治療者も免れられない。インテークをしていて、これは母親との関係の悪さが原因だ、などと考える。そこで、そんな因果関係で考えてはいけないと否定し、どのような話であろうと、クライエントを受容してゆこうとする。ところが、いったん頭を占めた因果的思考を否定するためにエネルギーを消費して、クライエントの話をしっかりと聴くことができない、ということも生じる。別に因果的思考が間違いとか、それを否定すべし、というのではなく、それに縛られることに問題が生じるのである。したがって、因果的思考が浮かんできたら、それはそれで否定することもなく、心のなかで括弧に入れて、しばらく置いておくのがいいのである。

たとえば、「母親が原因」と強く思い込んでしまうと、クライエントが父親のことを話しているのに、治療者がそれに注目しない、などということが生じる。治療者は母親に注目していても、クライエントはその時点においては父親のことのみ意識している。そんなとき、どちらが正しいのかと考えるのではなく、しばらく便宜的に、いろいろな因果的思考を共存させてゆくことも必要である。そのうちに、だんだんとどれかの筋が強力になり、治療者とクライエントの思考も一致してくるであろう。その間に焦らずに待つことが大切である。

非因果的連関

先祖の供養がされていないのが「原因」で問題が生じている、と言われたため、あるクライエントは思い切って先祖の供養をする。その席で長らくつき合いのなかった親類の人と話し合っているうちに、自分の苦境を脱するいとぐちが見つかった。このとき、その人は、「先祖の引き合わせ」によって解決の方法が見出せたと言うし、やはり「先祖の供養をすることは、いいことである」という結論になる。

しかし、ここから結論として、「先祖供養をすると、問題が解決する」という提言をすると誤りである。ただ、この際に先祖供養したことが問題解決に役立ったことは事実である。このようなことは、心理療法の過程では、あんがいよく生じる。「おやじなど死んだほうがましだ」と言ったクライエントの高校生が、帰宅すると、父親が交通事故で瀕死の重傷を負っていた。このことが、このクライエントと父親の関係が好転し、問題が解決してゆく契機になる。

このような「意味のある偶然の一致（meaningful coincidence）」の現象は、よく因果的に解釈されて、「祓《はら》いをしたから助かった」とか「夢を見たから危険が避けられた」というような表現がされる。それだけだといいが、そこから「法則」が引き出され、それを用いて自分の願いを達成させる、ということになると「オカルティズム」になる。これは危険である。

この際、このような態度の逆として、因果的に説明できないときは、そんな馬鹿なことがあるか、と事実そのものを否定してしまう。あるいは、単なる偶然であるとして、考慮の外に置いてしまう。

ユングの言う「共時性」は、上記のいずれでもない。そのような「意味のある偶然の一致」の現象が生じることを認めるが、それを因果的に結びつけることはできない、と考える。そこには、非因果的な結びつきがあり、それを尊重すべきだと考える。

心理療法を受けに来るクライエントの状況は、文字どおりの「八方ふさがり」で、どうしようもない、というときがある。つまり、因果的思考を十分にはたらかせることによって、何か解決のいとぐちを見出す、ということができない。そんなときでも、われわれがそのクライエントに会い続けるのは、人間という存在が常に自ら生成してゆく存在であり、そこには人間の知恵によっては予測し難い現象が生じ、それが問題解決に役立つことを知っているからである。

そこで、あれこれと因果的に思考することを放棄して、心の自然なはたらきにまかせると、かえって治療が進展するところがある。ここで、因果的思考の放棄は、無関心とはまったく異なるものである。何と言っても、治療者とクライエントとの「関係」ということは非常に大切で、治療者からクライエントに向けられる肯定的な関心が治療に役立つ要因であることは、ロジャーズ Rogers も指摘しているところである。したがって、因果的思考を放棄しつつも、クライエントに対しての深いかかわりを維持してゆく必要がある。

因果的思考によって、現象を原因 - 結果の連鎖によってみるのではなく、現象を全体としてみて、個々の現象の相互連関性や、布置（constellation）の在り方を把握する見方が必要になる。つまり、単に因果的思考を放棄しているだけでは、コミットメントの度合いが弱くなる。そこで深くコミットしてゆくためには、全体的な布置を見る能力が必要になるのである。このことによって、クライエントおよびそれを取り巻く環境（そのなかには、治療者も含まれる）の、そのときにおける状況の意味が把握される。これが、治療者の支えとなったり、その後の展開についての見とおしを与えてくれたりする。

因果的思考に縛られているときは、せっかく意味深い現象が生じていても、それを見逃してしまうことが多い。あるいは現象そのものは認知していても、無視してしまったりする。このような点については、フロイト Freud の言葉を用いるなら、「平等に漂う注意力」ということになろうが、筆者の狙いは、それよりももっと意識水準を下げたところにある、と言っていいであろう。

そもそも、「平等に漂う注意力」という表現も、日常の意識から言えば、まったく矛盾を内包したものである。つまり、注意力というのは本来方向性や意図を明確に持つものであって、平等に漂うことなどはあり得ない、のである。それを、あえてこのように言うのは、やはり日常の意識レベルと異なるところを狙っていると考えられる。

因果的思考を放棄しつつ対象に対するかかわりを深くする、あるいは、日常の意識よりは深い水準の意識をもちつつ、明晰さを失わない、このような状態は、東洋の宗教の修行において長らく行なわれてきたことである。東洋の宗教に対しては、近代ヨーロッパにおいては、ナンセンスと見なされていたが、「変性意識」の研究がすすみ、その本質が理解されるようになった。このため、欧米の心理療法家で、禅や瞑想などに関心をもち、実際に体験している人も多い。

アプローチの質

人間が人間を研究対象とするとき、たとえば身体医学の場合、近代科学の方法により因果関係の追究をすることは可能である。あるいは、現象的には「心」のことのように見えるが、身体的原因が明確にされる場合、たとえば脳梅毒やてんかんなどのときも同様である。

ところで、次のような例はどうであろう。筆者は最近よく糖尿病の治療に関する学会や研究会より、研修のための講義や講演を依頼される。それは、糖尿病の場合、患者がなすべき食事制限や運動などについて、指示を与えてもなかなか守らず、悪化する患者に対して、どう接するかという問題が生じてきたためである。つまり、原因の究明や対処法は、近代科学によって明確になされているが、それを行なう「人間」が相手になってくると、近代科学の方法は役に立たないのである。ここでは、人間が人間にかかわる科学が必要になってくるし、それを心理療法的接近と言いかえることもできるだろう。

心理療法の場面においても、クライエントの状況やニードにしたがって、いかなるアプローチをするかを考えねばならない。まず、一見「心」のことのようでありながら、医学的な対応が必要なときもある。筆者もインテークのときに、てんかんの可能性を考え、すぐに精神科医に紹介し、事実そのとおりであったことも一例ならずある。

次に、心理的な問題の場合、クライエントの意識の少しの変革で解決が生じ、クライエントもそれをする潜在力をもっているときは、因果的思考法が役に立つことが多い。しかし、このような場合は、専門家として心理療法場面で会うまでに解決されていることも多いのではなかろうか。

日常的意識よりも深いレベルにアプローチする方法として、フロイトは自由連想を考え、ユングは夢を素材とすることを考えた。このような方法のみならず、箱庭、絵画などの表現法を用いるにしろ、対話をするにしろ、治療者がすでに述べたように、因果的思考を放棄して、意識レベルを下げて、クライエントに対することも、問題の性質や、解決の狙いに関連して、必要となると考えられる。そして、このような状態の方が、全体的な布置を把握することが容易になるのではなかろうか。このような状態は、東洋の宗教における修行とよく似てくると思うが、その大きい違いは、心理療法の場合は、その必要に応じて、自分の意識水準を変化させせなければならぬことである。話題の内容によっては、日常的な意識、それも相当に合理的な思考が要求されるであろう。このように状況に応じて態度を変えることを要請されるのが、心理療法の特徴ではないだろうか。修行者の場合は、ひたすら意識レベルを下げることに専念するだろう。

坐禅をした人に聞くところによると、その間に不思議な共時的経験をすることが多い。このことによって、人間が意識水準の低い（深い）状態を保つことは、共時的現象を起こしやすい、と言えるだろうか。共時的現象は「起こる」ものであっても「起こす」ことはできない。起こすことを考えはじめると、オカルティズムになる。ただ、意識水準を下げて、ある種の変性意識状態になったとき、共時的現象を認知しやすくなる、とは言えるのではなかろうか。このことは、今後とも大いに検討してゆくべきことと思うが、筆者としては、このようなことも考えつつ心理療法を行なっている。ただ、このような態度をとるためには、相当な修練が必要なことは言うまでもない。心理療法家にとって日々の修練が必要であることは、スポーツマンや芸術家などと、まったく同様である、と思う。

文　献

石坂好樹（2001）「〈書評〉心理療法と因果的思考」『児童青年精神医学とその近接領域』第四二巻第三号

河合隼雄編（2001）『心理療法と因果的思考　講座心理療法7』岩波書店
中井久夫（1982）『精神科治療の覚書』日本評論社
大山泰宏（2001）「因果性の虚構とこころの現実」in 河合隼雄編『心理療法と因果的思考　講座心理療法7』岩波書店

第6章 ✤ 心の構造

なぜ「心」を対象とするか

臨床心理学の研究や実践において、「心」ということが対象となる。しかし、実際は「心」というのは、いったいほんとうに存在するのかどうかもわからないものである。近代科学の方法論に基づいて心理学を研究しようとするとき、「心」などは対象とせず、「行動」をこそ対象とすべきだという考えが生じてくるのも、よく了解できる。

しかし、臨床心理学においては、「心」のことを避けて通ることはできないと筆者は考えている。それは何と言っても、臨床の場において接するクライエントは、多くの場合、その「心」の問題を訴え、それにどう対応するかを考えねばならないからである。よくあげる例であるが、醜貌恐怖のクライエントが、目と目のあいだがひっこんでいるので変な顔なので困る、と訴えるとき、それは「客観的」に見て普通である、といくら説得しても駄目である。その人の「主観」、つまり「心」の状態が問題になっている。人間が自らのことについて考えるとき、自分の思考、感情、意志、願望、などを一体とした「心」という存在を措定しない限り、話が進まないのである。したがって、「心」のことを考えていくが、これはあくまでひとつの措定の上に立っているのであることを忘れてはならない。

「心の構造」などということを論じるのであるが、これはあくまで上記のような立場を前提としているのであり、機械の構造を論じるのとは同等ではないことを意識していなくてはならない。それと、非常に大切なことは、そのような考えは、主観を通して得られた結果である、ということである。フロイト Freud にしろ、ユング Jung にしろ、その体験の根本は、自分たちの病的体験とその克服という事実である。自分が自分の「心」を分析するときに、どのように行われ、その結果をどのように体系化するか、という体験を基礎として理論体系が生まれてくる。したがって、ここに述べる「心の構造」ということは、あくまで、ある個人が主観的に自分の心を考える際の有効な理論として考え出されたものであることを意識していなくてはならない。後にも述べるように、われわれはそれをある程度の普遍性をもつものとして、他者理解の際にも用いるが、それは、そのために「援用」はできるとしても、「適用」できるものではない。

「心」を対象とすると言っても、そう言っている人間自身が「心」をもっているのだから、純粋に客観的に対象化することなどはできないのである。

次に大切なことは、ここに提示する「心の構造」は、深層心理学におけるものであり、先に述べたように、それはあくまで個人の主観的経験を基にしているので、学派が変われば異なるのも当然である。したがって「臨床心理学」という点から言えば、いろいろと学派によって異なるのを比較検討して示すのが、ほんとうであるが、ここではそれらを省略し、筆者がどのように考えているかを示したい。その基本となるのは、C・G・ユングの説であるが、必ずしもそれと同一というのではない。なお、筆者の考えは現在も変化しつつあり、まだまとまったものになっていない。その点については、何年か後に発表できることになるだろう。

自我（ego）

話の出発点として、自我（ego）を立てるというのは、そもそも西洋近代の発想である。フロイトやユングはもともとich（私）という語を用いていたが、その「私」は、デカルトの「我思う故に我あり」の「我」であり、自と他、心と体などの完全な分離を前提として考えられているものである。

自我は、自分で自分のことを考えるときに、「私」として意識されるものであるが、それは、その個人の「主体」であり、相応の「自立性」、「統合性」、「一貫性」などをそなえ、外界の事象が、自分の心のなかで生じてくることを認知し、判断している。また自分の過去の経験を記憶し貯蔵している。

このような現実の的確な認知と理性的な判断、強い意志によって西洋近代に生まれた自我は、科学技術によって武装され、多くのことを行ない、人間の理性によって、すべてのことがうまくゆくとさえ思われた。ところが、「心の病い」という思いがけないことが生じてきた。フロイトやユングが初期の頃に扱った「ヒステリー」はその典型で、目が見えない、手足が動かないなどの身体症状があり、それは近代医学の手法によっては原因を見出せなかった。この病気の治療を行なっているうちに、「無意識」という概念が提起され、人間の心の構造として、意識と無意識という、二つの領域が区別されることになった。ここで考慮すべきことは、自我は自分の体の一部をも支配しているのだが、ヒステリーの場合、その支配に障害が生じ、その「原因」として、心の領域（無意識領域）に問題があると考えられる。そこで、「治療」としてなすべきことは、身体の治療ではなく、心の無意識領域の探索である、ということになって、心理療法としての精神分析が成立することになる。もっとも、そこで無意識の在り様をどう考えるかによって、いろいろと学派の違いが生じてくることになる。

実際の心理療法においては、自我を通じて無意識の状態を知ることが重要になってくるが、まず、自我そのものの状態を知ることが必要である。これは、初回面接のときに、特に心がけるべきことである。つまり、すでに述べた、自我の「主体性」、「統合性」、「一貫性」などがどの程度に保持されているか、ということである。

たとえば、強迫症状を訴えて来談する人がある。それは、自我によってコントロールできない症状があるのだから、その点については自我は「主体性」を損なわれているのだが、その他の点においてはどうなのかを、初回面接のときに判断しなくてはならない。たとえば、現実認識は確実であるが、情緒の統合性という点においては欠けるところがある、など。

自我の在り方の難しいところは、それは他と区別された自立的な存在でありつつ、なおかつ、他に対して、つまり外界に対しても内界（無意識領域）に対しても開かれていなくてはならないことである。自分を固く閉じることによって、自分の主体性を守り抜こうとしすぎると、それは孤独になってしまったり、貧困で発展性のない状態になったりする。この自我防衛の問題については、次節にもう一度取り上げることにする。

自我の状態が明らかになってくると、そのような障害を持っている自我を、どのようにして健全にし強力にするか、ということが問題になってくる。そこで心理療法の目的として、そのような自我をつくりあげることや、自我を強化することなどが考えられるようになった。

自我形成（ego-formation）という場合、治療者はクライエントの自我に対してのみはたらきかけてゆくのではなく、自我と無意識との関係をどのようにするか、という二つの側面があることを忘れてはならない。つまり、クライエントの話す内容に対して、意識的なレベルで応対を続けながら、現実認識の力を強くすることや、葛藤に耐える強さを身につけることなどに重きをおいているときと、むしろ、無意識的な内容に注目して、それをどのように意識的に明確に把握するかを考えるときと、両方が必要である。

無意識的な内容に注目しようとするときは、自由連想法、夢分析、絵画や箱庭、粘土、遊び、などの非言語的な表現活動を重視することになる。あるいは、対面で話し合うにしても、クライエントの話す内容について、ひとつひとつ取りあげたり応答したりするのではなく、フロイトの言う「平等に漂う注意力」というような態度で接してゆくことになる。このようなことは、自我がある程度の強さを持っていてこそ意味があるが、そうでないときは、むしろ危険になるので、そこをよく判断して対応しなくてはならない。

心理療法において、自我を強化することは非常に大切で、それが目標とさえ思われたことがあったが、ユングがよく語っているように、自我が十分に強く、社会生活や家族関係などすべてが良好であるにもかかわらず、強い不安に悩む人たちのいることがわかり、自我の強化のみを目標にするのは適切ではないと考えられるようになった。この問題に対して、エリクソンEriksonの言う「アイデンティティ」や、ユングの「自己」という考えが、その解決のために考え出されてくるが、それは後に述べる。

自我は自分自身をいかに意識するかという「自我意識」をもつのが特徴であるが、ヤスパースJaspersによって、①能動性、②単一性、③同一性、④外界と他人と区別されたものとしての自我の意識、の四つの標識によって、その在り方が確かめられる。

能動性とは、自分の行為、思考、感情などを「私が」していると感じることである。これに障害が生じる。自分は何かによって、やらされていると感じたりする。単一性は、自分というものは唯一であり、他に二人といないという意識である。同一性は、自分が生涯を通じて同一人であるという意識である。また、自分を他と区別された存在として意識することも必要である。

以上に述べた自我意識も障害を生じることがあり、それらは病的な状態であると考えられる。自分と同じ人物が他にもいると確信する「二重身」などという現象が、稀にではあるが生じるのである。

自我防衛と病理の関係

自我が無意識とどう関係するのか、そのとき心身の関係はどうなるのか、について、図1に、ひとつの概念図として示した。ここで「体」を示している部分は、心と切り離して、身体としてのみ見ると、人体解剖図のようにはっきりと「構造」が描かれるが、ここに示しているのは、すでに述べたように、主観的に見た「体」である。

自我はすでに述べたように「主体」として、「心」と「体」の一部を支配しているが、実はこれは、ほんの一部とさえ言っていいものである。その下には、自我の知らないところで、心も体もそれぞれがはたらいている。ただ、この心と体とはどこかで重なり合っていることは事実なのだが、それがほんとうのところはどの程度にどのようになっているかは現在のところ不明である。そこで、適当にこの両者

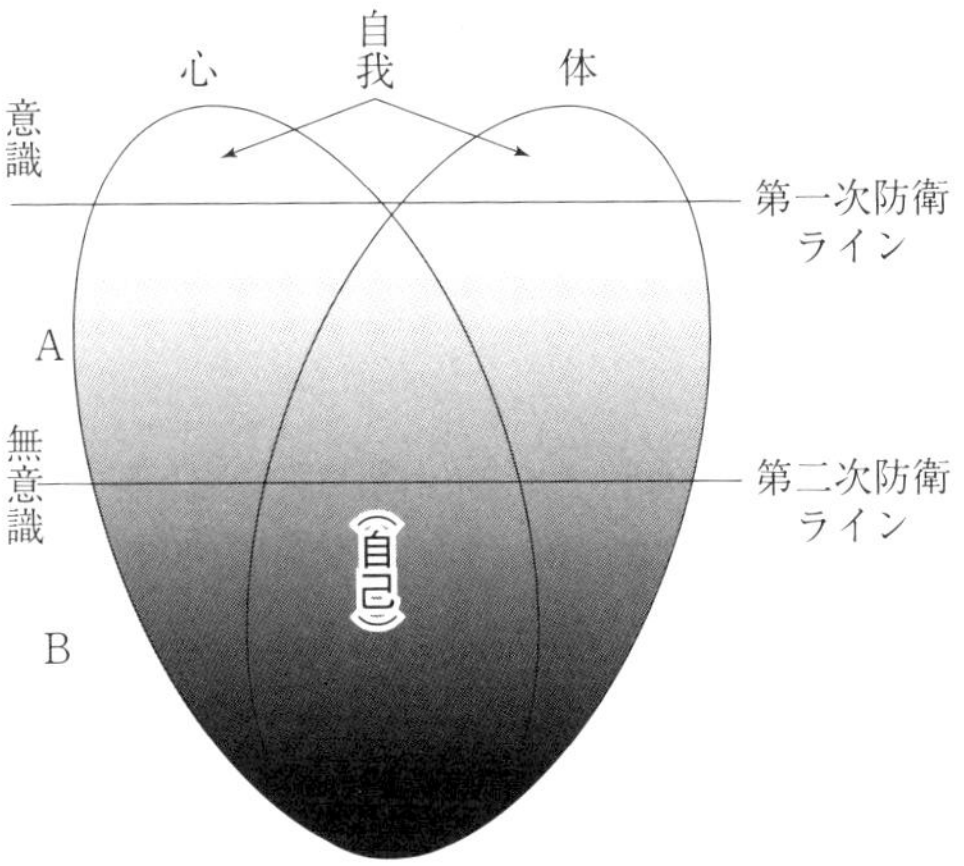

図1　心身の構造（自我より見た）

を重ね合わせた図にしたが、下部にゆくに従って黒くなるのは、意識化が不能であることを示している。

ここで、第一次、および第二次の防衛という線を引いていることに注目していただきたい。自我は自分の主体性や統合性を保持するために、自分を守る防衛線をもっている。無意識内の内容が容易に自我に侵入してくると、自我の主体性や統合性がゆらぐからである。そのような自我防衛線を措定することには、多くの臨床心理学者が賛成することだろうが、これを一次と二次にわけてみよう、というところは筆者の提案である。

このような心の構造の仮定図は、無人島（と言っても大きい島だが）を開拓して人が住めるようにするときなどをイメージすると、わかりやすいだろう。人間の住んでいる家を自我と考え、第一次防衛線は、家および開拓した耕作地などを含んで作られる柵である。このなかでは人は安全だが、その外に出ると、何らかの危険に遭遇する可能性がある。それでも武装しておれば何とか歩ける範囲である。

第二次防衛線の外は、未踏の森や山で、いったいどんな危険があるかもわからない領域である。と言っても、ここは下流へと流れてくる川の水源もあるので、すべてが排除すべきものと言い切れぬところに難しさがある。

クライエントの主訴および、それに続く語りを聞いている間に、クライエントの問題が、図１で言えば、第一次防衛ラインの問題なのか、第二次防衛ラインの問題なのかを判断しなくてはならない。

たとえば、夫婦の関係が悪化して来談した女性に会っていると、最初は夫に対する不満や、どのような態度で夫に対して接するべきか、などという話であるが、話がすすんでゆくうちに、その問題の背後に、この女性のネガティブ・マザー・コンプレックスの問題があることがわかってくる。つまり、無意識領域Ａのことが重要であるとわかる。そのときは、そこに焦点を当てて治療が続けられる。

領域Ａは、Ｃ・Ｇ・ユングによれば「個人的無意識」の領域と言えるだろうし、「神経症圏」という呼び方もできるであろう。この両者をまったく同一の言葉と考えるべきではないが、一応ここではそのようにしておく。

ネガティブ・マザー・コンプレックスとして、その人の母親との間の個人的体験が問題と思って話を聞いているうちに、それは何代にもわたる（少なくとも三代にわたる）母・娘の関係の蓄積として感じられてくるときがある。領域Ｂはユングによって「集団的無意識」と名づけられた領域であるが、それをもう少し細分して、「家族無意識」、「文化無意識」などと区分して考える人もある。つまり、ある家族、あるいは、ある文化に共通の無意識という場合である。これらは領域A、Bの両方にまたがると言っていいかもしれない。ともかく、クライエントの背負っている課題の深さの程度を知る必要がある。

これらに対して、幻聴・幻覚がある、妄想があるなどという場合は、第二次防衛ラインが破れて、B領域の内容が直接に自我の世界に侵入してきたときと考えてよいだろう。B領域のことを精神病圏とも考えていいだろう。この場合は危険性はきわめて高い。この際に、それによって自我および意識領域がどれほどのダメージを蒙っているのか、という判断が大切になる。大洪水が起こって家も田畑もすべて流されたのか、家と家畜ぐらいは助かったのか。このあたりの判断に基づいて対応を考えねばならない。

次に、第二次防衛線を破られないようにと守っているのだが、その守りをするために問題が生じている、というときがある。それらは離人神経症と強迫神経症である。離人症の症状は、第二次防衛を強化し過ぎて、そのために深い無意識領域との関係があまりにも薄くなり、自我の生命力が弱くなっている状態と考えられる。たとえてみると、家や家畜や田畑を守ろうとして、森の奥に塀をつくったものの、奥から流れてくる川の水まで止めてしまったような状態と言えるだろう。

強迫神経症は、その強迫症状によって第二次防衛線を守っている。これもたとえてみると、森の奥から猛獣が出てくると怖いので、一日中鳴物をならして守っているのだが、鳴物をならすこと（強迫症状）に時間をとられ、他のことができずに困っているような状態である。

両者ともに、第二次防衛線の守りをそこまで強化しているのは、やはりそれだけの危険があるためであり、うっかり症状をとってしまうと（とれてしまうと）精神病レベルの症状が出現することもある。

離人症の例が示しているように、第一次、第二次の防衛線が、ともに完全に閉じられていると、むしろ自我は生命力を失ったり柔軟性に欠けたり、という状態になる。したがって、それらは自我が脅かされない程度に開かれている方が望ましい。この程度の在り方が非常に難しいのである。

創造的な人、あるいは、ある個人の創造性が高まるときなどは、むしろ、防衛線は弱まり、自我は脅かされる危険にさらされながらも、無意識領域より得たことを統合してゆくことによって成長してゆくことになる。

第二次防衛線が弱まり、深層の内容が侵入してくるとき、一時的には精神病的な様相を示すことはあっても、必ずしも「精神病」と診断はできない。すでに述べた洪水の例を使うなら、洪水によってすべてが流されてしまう状態は精神病に比べられようが、幸いに家が残ったとき、洪水によってもたらされたものによって、かえって土地が肥沃になって、以前よりも豊かになることさえあり得るのだ。このようなイメージを心にもって、「見たて」を行なうこともよいであろう。

心と体

図１には心の構造と言いながら、体のことも示されている。それは、心のことを体抜きでは考えられ

ないからである。しかし、ここに示されている「体」は、主観的に生きられている体であり、客観的な対象としての「身体」ではない。もちろん、心理療法家のもとに来談する人は、ほとんどは心のことで来るのだが、体のことを考えねばならぬときがあるし、もともと「身体」のこととして医者のところに行った人が「心」のこととしてわれわれのところに紹介されてくることもある。そのようなとき、体のことが考慮されねばならなくなってくる。

ヒステリーの場合は、体と言っても自我の支配できる運動機能の障害が生じるのであり、心の問題と言ってもA領域のことである。ところが、心身症の場合は、むしろB領域のこととなって、心のことか体のことか区別がつかない状況にある。したがって、簡単に「心因」などという言葉は使えなくなる。

心身症の場合は、客観的対象としての「身体」の研究を通じて発展してきた西洋近代の医学では、根本的な治療を行なうことはできないのではなかろうか。したがって、主観的身体観を基にした東洋医学が効果を発揮したり、心理的アプローチにしても、B領域にはたらきかける方法が有効性をもったりする。

アトピー性皮膚炎や、ぜんそくなどの場合、身体的アプローチも必要であるが、心の側からのアプローチが有効な場合がある。しかし、この際には、薬やその他の非言語的表現活動を通じてB領域のはたらきを活性化し、それに注目してゆくことが必要である。心身症が「心」に関係しているからと言って、親子関係や日常生活のことなどを、こまごまと追及し、A領域に属する内容についていろいろ考えてみても、あまり有効でないことが多い。

ただこの際、どのような人に対して心の側からのアプローチが有効であるのかは、簡単にわかる指標がないように思う。夢を聞いたり、箱庭をつくってもらったりして、治療者との人間関係の在り方や、本人の意欲などを勘案しながら、判断するより方法はないように思う。ロールシャッハテストなどをして、その選別が可能なのかどうかを調べてみる研究をしてもいいのではなかろうか。

このような心理療法を行なうと、そこに示されるイメージはきわめて激烈になったりすることが多い。時には烈しい acting out が生じたり、精神病レベルの症状が生じることもある。治療者の容量が相当に大きくないと、治療は進展しないと思われる。

この逆に、おそらく大変な心理的ストレスであろうと思われる人が、心身症になり、それが治ってゆく過程において、心理的ストレスを減少してゆく、ということも生じるように思う。

東洋の宗教における修業や、それと関連性をもつ東洋医学は、体の方から心に接近する方法として注目すべきものである。瞑想やヨガなどの方法は、身体の姿勢によって心の調整や統合を試みようとするものである。また、これらの際に生じる変性意識状態は、それによってA領域、B領域の探索、活性化を試みているものと言うことができる。

このために、心身症の治療において、東洋医学が医学界においても評価されつつある。このようなことは今後大いに研究してゆくべきであろう。ただ、西洋の方法の場合は、自立的・主体的な自我を大切にし、その自我の存在を出発点としてすべてのことを行なってゆくのに対して、東洋の場合は「心身一如」などの言葉に示されるように、心と体を区別しない考えによることが多い。その場合、この方法は、近代自我を確立している人に対しても有効にはたらくのかどうか。あるいは、むしろ、近代自我の在り方を超えるように努力し、その上において、「心の構造」のモデル自体も変えてゆくべきか、などが臨床心理学の今後の大きい課題となるだろう。

心の全体性

心身症を例として心身問題について少し論じてきたが、心身問題は、哲学、宗教、医学、芸術、など、いろいろの領域にかかわる困難なことで、現在のところ明確なことは誰も言えないのが現状である。

心のストレスを身体化するような傾向については先に述べたが、このような人間存在全体としての仕組みは、あまりにも不明な点が多い。したがって、すでに述べたように、東洋の経験や知恵なども入れこんで、心の構造のモデルも、改変してゆく必要がある。ここで、近代自我をきわめて重視しながらも、それを超えようとする努力を見せたのが、ユングの「自己（Selbst／Self）」の考えである、と思われる。

ユングは、二重人格の現象を、自我の一面性を補償する心のはたらきとして考え、心は全体として常にバランスよく「全体性」を維持しようとする傾向をもっており、それは、自我のはたらきを超える、と考えた。自我はそれなりの統合性をもっているが、それを超えた高次の統合性が「心」全体としてはたらくと考え、その中心として「自己」を措定したのである。ユングは、このような考えが、東洋の思想の影響を受けていることを認めている。

近代の欧米、およびその影響下にある日本の学界は、これまでのところ、近代自我を中心として考えてきた。フロイトの無意識という考えも、ヨーロッパのアカデミズムには長い間受け入れられなかった。むしろ、アメリカにおいては、精神分析の「科学性」ということが誤解をもとにして受け入れられた、とも言うべきであろう。そのようなアカデミズムの世界において、ユングの「自己」の考えは、とうてい受け入れられなかったことは当然である。

しかし、現在、二十一世紀においては、大学もアカデミズムも変わるべきであるし、それはいかにして近代自我を超えた、人間の心、あるいは、人間全体としての在り方を考えてゆくかということを課題としてもっている、と思う。それに答えるひとつのものとして、ユングの「自己」をあげたが、これがもちろん唯一の答えではない。エリクソンによるアイデンティティの考えも、このなかに加えることもできるであろう。あるいは、以上の点にもっとも積極的にかかわろうとしているのが、トランスパーソナルの人たちであろう。心の構造という点においては、ケン・ウィルバー Ken Wilber の説が参考になる。

今回は、実際の臨床に関連するように、筆者なりの考えを示したが、前述のことなどを考え、東洋に生まれた者としても、自分の経験を踏まえながら、心の構造についてでは、考えをあらたにしてゆきたいと思っている。臨床心理学を専攻する多くの人たちが、この課題に意欲的に取り組んでいただくことを期待している。

第7章 心理テストの使用

心理テストの功罪

臨床心理士の仕事として、アセスメントということは大切なことである。このアセスメントを行なうときに、心理テストは重要な役割をする。かつては、臨床心理士の仕事イコール心理テストのテスターと考えられたこともあるほどだが、現在はそんなことはない。むしろ、臨床場面において、心理テストを施行することは、まったくないという臨床心理士もある。あるいは、ときどきしか使わない人、となると相当に数は多くなるだろう。これはどうしてだろう。

このことについて考えるためには、心理テストの功罪について考えるのみではなく、この五十年ほどの間における、臨床心理学界のみならず一般社会の人間観の変化などについて考慮することが必要である。そのなかには、心理テストに対する誤解や、誤解を招きかねないような臨床家の言動などもあることも考慮しなくてはならない。

アメリカでも、ヨーロッパでも、心理学が臨床的な仕事に貢献できたのは、まず心理テストによるものだ、と言えるだろう。心理療法は、最初は医者によってはじめられたし、ガイダンスは教育者の仕事であった。ところが、どちらの場面においても、患者や子どもたちの資質や病理などについて知ること――今日、アセスメントとして広く考えられていること――が必要と考えられた。そのとき、まず、知能検査が考案され、これはある程度実際的に役立つことがわかった。これに続いて、質問紙や投影法による性格テストが、つぎつぎと考案され、実用に供されるようになった。

このような場合にいつも生じることだが、「そんなことで人間のことがわかるか」とまったく軽視する態度と、「これによって、人間の知能や性格や病理が、確実にわかる」と強い信頼を寄せる態度と、両極端の傾向が生じる。しかし、ほんとうのところは、この中間のところにある、と言っていいであろう。私は臨床心理学を専門にしはじめた頃は、もっぱらロールシャッハ・テストに熱中していたが、その頃、「ロールシャッハなど当てにならない」と思っている人の言うよりは、ロールシャッハは相当に信頼できるし、「ロールシャッハはほんとうに絶対」と思っている人の言うよりは信頼できないものだ、とよく思ったものである。

このようなことが生じるのは、人間が人間をまったく「客観的」に計測することは不可能であるが、ある程度の客観化と測定が、場合によって可能である、という事実のためである。それに、人間という存在は常に可変であるし、その潜在的な可能性まで「計測」することは、なかなか容易ではない。

言ってみれば当然のことであるが、人間は何かにとらわれると柔軟性を欠くのが常であり、「ある程度の」結果が得られると、それを絶対的に信じるようなことにもなってくる。そうなると、テストの結果を動かし難い真理のように思ってしまう。これは、心理テストそのものの罪というよりは、それを用いる者の態度の罪であるが、このようなことは、あんがいに生じたのである。

たとえば、知能検査の結果を絶対的なこととして、「知能が低い」と断定してしまう。しかし、このときに、テスト情況がどんなであったか、被験者の環境や、そのときの心理状態はどうであったか、を考慮せずに断定を下したのでは、早計に過ぎる。これは、その他の心理テストについても同様に言えることである。

次に問題となるのは、心理テストを施行しながら、被験者に対して何のフィードバックもしない、ということがかつてはあった。犯罪を犯した容疑とか、精神病の疑いとか、の場合に心理テストをする。その際に、テストをするだけで何のフィードバックもしないのは、人権無視と言われても仕方がないのではなかろうか。もちろん、テスト結果を専門的用語や、診断的な用語で伝えるのは問題であるが、被験者にとって意味あると思うことを伝えるべきである。あるいは、結果を素材として話し合うのもいいであろう。ただ一方的に、テスターのみが被験者に関する情報をもっている、というのは許されるべきことではない。

以上のように、テストそのものというよりは、その使用法に問題がある上に、わが国においては、一時極めて強い「平等意識」が優勢になったこともあって、テストによって、人間を判断するのはよくない、というので、「心理テスト有害論」が唱えられたこともある。ここに「平等意識」と「　」《カッコ》つきで表現したことは、人間の個性の存在を認めず、誰でも何でも同様に可能であるし、同等である、とする考えである。確かに、人間存在の根本に立ちかえるなら、すべての人は平等であるが、個性は異なるし、能力の在り方も異なってくる。そして、ある時に、健康であったり病気であったり、と情況によっても差は生じてくる。これらのことは認めざるを得ないし、そのような差をある程度客観的に認識することは、必要である。このために、心理テストが役立つことも事実である。

臨床心理士の訓練

以上述べてきたところから、臨床心理学の領域において、心理テストが重要な役割をもつことは了解されたと思う。それでは、なぜ心理テストをほとんど用いない臨床心理士がいるのだろうか。こう言う筆者自身も、かつては熱心に用いていたが、現在、臨床場面で用いることはほとんどない。

それは、心理テストによってクライエントのことを先に知ろうとするよりも、クライエントの自分を知ろうとする探索の過程を、治療者も共にする形で行なう方が、心理療法がすすめやすい、という考えに基づいている。すでに述べたように、臨床心理士は最初のうちは、医学、教育などの関連から生じてきたので、「診断に基づく処置」、「判定に基づく指導」という考えが優勢で、その「診断」や「判定」に関する仕事として心理テストがあり、そこに臨床心理士の活躍の場がある、というのであった。その後に、そのような方法よりも、「心理療法」が有効なこととして生じてきて、そこにおいては、治療者とクライエントの「関係」や、クライエントのもつ潜在力が重視されるようになった。このために、心理テストの役割が、最初の頃に比してそれほど重要でなくなってきた。

とはいっても、心理療法において「見たて」は大切である。人間の性格や病理について何も知らず、ただ「受容」するということで心理療法を行なうことは不可能に近い。そこで、心理療法場面において、心理テストを使用しない人でも、自分はなぜ使用しないかについて説明ができないといけないし、心理療法の過程に生じていることについて、必要な点については、心理テストを用いたのと同様のことはわかる、というのでないと駄目である。

以上のように考えてくると、たとい臨床場面において心理テストを用いることが少ないとしても、臨床心理士の訓練の過程において、心理テストを学ぶ必要があることは明らかであろう。心理療法家は「人間理解」の能力に優れていなければならないが、人間理解の力を強くする上で、心理テストの学習は大変有用である。心理テストのなかには、それと結びついた特有の人格理論をもつものがあるが、そのような人格理論を知ることも、人間理解の幅を広くするのに役立つであろう。

人間理解の能力という場合、それは単なる知識として貯えられるものではなく、自分にとって「身についた」ものとなっていなくてはならない。このためには、いかなる心理テストであれ、まず自分が被験者となって、それの結果を自分に当てはめ、よく検討してみることが必要である。

私はアメリカのＵＣＬＡの大学院に在学し、そのときに心理テストのコースを学習したが、このときに多くのテストを自分が被験者となって経験したことは、非常によかったと思う。まず、被験者になること、次に誰かを被験者として心理テストを施行し、その結果についてレポートを提出することが、義務づけられていた。これらのレポートを読んで、訂正したり、コメントしたりするのは、すべてＴＡ（Teaching Assistant）の役割であった。アメリカはすべてのシステムがよく整備されていて羨ましかったが、わが国でも、これらのシステムは相当に確立しつつあるように思われる。大学院の上級生がＴＡになることによって、自分が指導の役割をすることは、テストの理解を深めることになるので、非常によい制度である。

現在は、臨床心理士の仕事として、心理療法やカウンセリングが主体となっているので、どうしても心理テストを学ぶことが、以前よりも少なくなる傾向にある。しかし、カウンセリングのみの訓練を受けていると、クライエントの状況を客観的に判断する能力が低いために失敗をする危険性が高い。これを補う意味においても、心理テストの研修をすることは必要である。人間の心は最終的には誰にも捉えられないものであるにしろ、可能な限りそれに客観的に接近し、真実を知ろうとする態度を身につけることを心がけねばならない。これは、共感的理解と相反するように感じられるが、このような客観的アプローチを身につけることによって、かえって共感的理解も深まってゆく、というパラドックスを体験的に知ることが重要である。

実際、投影法のテストにおいては、共感的理解の能力を高くしないと、適切な判断を下せない、と言えるだろう。あるいは、投影法のテストの結果を、どのようにして被験者に伝えるか、ということになると、これはよほどの「臨床家」としてのセンスを必要とすることであるのがわかるであろう。

このように、臨床心理士の訓練にとって、心理テストを学ぶことは非常に有用なことなので、各大学院のカリキュラムに是非、取り入れるべきであると思う。

知能検査、発達検査

すでに述べたように、知能検査は心理学者の強力な用具として誕生したものであるが、最近は一時ほども用いられなくなったようである。これは、知能検査の有効性に嬉しくなって、その結果を断定的に用いられたことがあったので、その反動として生じてきた、とも考えられる。それと、カウンセリングや心理療法において、判断を下さずに中立的な態度で会うときに、テストによって判定を下すのは望ましくないと考えられたことにもよる。これは、発達検査の場合も同様である。知能検査や発達検査の結果から、断定的なことを言われ傷ついた親を、私は多く知っている。しかし、だからと言って、子どもの発達の遅れていることや、知能の低いことにまったく目を向けないのも間違っている。

知能検査や発達検査をしたときに、「指数」を決定すればよいと考えるのではなく、検査の間に生じることすべてによく注目し、その子どもの発達をうながすために、どのような点に手がかりがあるかを見出すように努めることが大切である。あるいは、WISC（Wechsler Intelligence Scale for Children）を行なったとき、全体として、知能指数がいくらであるか、のみではなく、どのような因子が高いか低いかによって、その子の状態をよく考えてみることが必要である。

結果として、知能や発達の遅れについて話すときも、それを聞く側の気持ちをよくわかって話すことや、それに対して将来にどのような対処の方法があるのかについて話し合わねばならない。といって、相手を傷つけないことばかりに気をとられて、事実を曲げたり、隠したりすることを避けねばならないのは当然のことである。

質問紙法

質問紙法の特徴は、被験者本人の意識的判断の結果を集積して判定する、というところにある。したがって、極端な場合は、相当な意識的な歪曲も可能になる。もっとも、ＭＭＰＩ（ミネソタ多面人格目録Minnesota Multiphasic Personality Inventory）のLie Scaleのようなものを入れて、これをある程度防止することも考えられてはいるが。

被験者が協力的であるとき、その結果は、被験者にとっても納得できるものとなることは、テストの性格からしても、うなずけるであろう。しかし、被験者の自己判断とは異なる結果が生じたりする。そのときは、この点について「どう思いますか」などと訊いて、話し合いをすると、興味あることを見出すこともある。このときも、テスターが断定的な表現をしないことは大切である。テストの結果は結果として、その人自身の考えをまず尊重する、という態度で話し合わねばならない。

かつて、私が学生相談を担当していたころは、学生が相談室に来ることには抵抗を感じる状況であった。そこで、希望者には性格テストをします、というPRをすると、これには応じる学生があり、質問紙法のテストをして、それについて話し合うことをした。これは相談室の門戸をひろげるのに役立ったと思うが、現在ではこのような工夫は、あまり必要でないかもしれない。

質問紙法は、本人の意識的な判断によるものだけに、本人が偽らずにつけても、自己認識の程度はわかるとして、その結果をそのまま「見たて」に直結させないことが肝要である。たとえば、親子関係にしても、客観的に見ると問題が多いと思っても、本人たちは「普通」と思っているときもある。不安も、強い不安を潜在させていても、当人はそれを感じていない、あるいは、無意識的にその認知を拒んでいるときもある。

質問紙のこのような点は逆に利用すべきで、客観的な状況判断から、非常に不安が高いと感じられるのに、質問紙による結果が逆に出ているときは、本人の認識がない、という意味で重篤な場合を推察する。あるいは、もう少し確かめたいときは、質問紙の項目を取りあげて、「この項目には、はい（いいえ）とお答えになっていますね」と、何となく水を向けるようにして、そのときの反応によって判断することも必要であろう。

質問紙法に「××診断テスト」と名づけられたものがある。これを用いることは、時によってもちろん有用である。ところが、誰に対してもこのような診断テストを施行し、たとえば「親子関係がよくないことが判明しましたので、その改善をはかるべきと思います」などと言って、問題が「片づいた」ような言い方をされることが、時にある。こんなのは、まったく専門的ではない。テストを施行しなくともわかるようなことを、わざわざテストをして「わかった」とし、それを改善すべきであるなどということは、言っても意味がない。問題は、どのようにして改善をはかるかにある。この点について、何か具体的な方法や方向性が見出せるかどうか、が大切なのである。

投影法

投影法のテストは実に多くある。最近はあまり使われなくなったが、私がアメリカに留学した、一九五九〜六〇年のころは、投影法は花ざかり、という感じであった。

投影法のテストの本質は、それは本来的には客観的な「テスト」ではなく、ある程度構造化された面接法と考えるべきであろう。それがある程度「構造化」されていることや、数量化の可能性を持っているので、従来の慣習に従って「テスト」と呼んでいるわけである。ロールシャッハ・テストも、相当に数量化が可能であり、その方向で発展もしてきているが、それだけに頼っているのでは専門家と言えないだろう。私が指導を受けた、クロッパー教授が言っていたように、ロールシャッハ・テストと言うより、ロールシャッハ法と呼ぶ方が適切と思われる。あまり呼称にこだわっても意味ないので、慣習に従っているが、その本質を忘れないことは大切である。

もっとも、ロールシャッハ法にしろ、ユングの発案した言語連想法にしろ、それまでは反応の「内容」にのみ注目していたのに、反応時間の遅れなど、計測可能な現象に注目したのが、発展のはじまりであったことを忘れてはならない。このことを忘れて「解釈」に走ると、恣意的になり、独善性が高くなるおそれを生じる。

ただ、日本人の場合は、自分自身の思考力に頼らず、テキストに頼ってしまう人が多いことが問題である。投影法は心理療法の場合と同様に、テスターの相当なコミットメントなくしては、望ましい結果は得られない、と言える。自分の持てる限りの能力をもって、被験者を一人の人間として理解するのだ、という心構えが必要である。器具で、体重や身長を測定するような態度では、投影法によって知るところは少ないであろう。

　私がロールシャッハ法を学びはじめたころは、自分のよく知っている人にロールシャッハを施行させてもらい、その前に自分なりに判断しているその人の性格から、ロールシャッハの反応を予測しておいて、それと実際の反応がどれほど異なるかを調べてみると、なかなか興味深いことであった。うまく合致するときもあるし、喰い違いの生じるときがある。そのとき「なぜか」という点について考えてみる。そのことによって、ロールシャッハ法に対する理解が深まるし、その人に対する理解も深まる。後に、クロッパー教授に指導を受けるようになったとき、これがロールシャッハの解釈が上達するための、非常によい方法だと言われた。初心者は是非とも訓練のためにこれを試みるとよい。これは、ロールシャッハのみならず、どのような投影法についても言えることである。

　ロールシャッハと並んでよく用いられた、TATがこの頃はあまり用いられていないようだが、臨床心理士の訓練のためには有効なものである。もともとは、ユングに夢分析を受けた、マレーが当時のアメリカの心理学会では、夢のことを語ってもあまり取りあげられないと考え、ある程度の「客観性」をそなえたものとして考案したのが、TATなのである。現在では、夢分析の効用は学会でも受けいれられているので、直接にクライエントの夢を聞くことも多く、わざわざTATによって物語をつくらせなくとも、と考えるのかもしれないが、これは、図版を見せて物語をつくるところに、夢とは異なる意味合いもあるので、もっと使用しても面白いのではなかろうか。臨床心理学のみならず医学の領域でも、

「物語」の意義が認められつつあるので、ますます、使用する価値があると思われる。

私が臨床心理学を学びはじめた頃は、他の領域からその存在意義を認めてもらうのに苦労したのだが、そのときに大いに役立ったのが投影法であった。医学、司法、産業などの他の領域の専門家や指導的立場にある人たちに対して、投影法によって得た、人格判断を示すことによって、それが一般の予想をこえる、予見性や的確さをもっているために、信頼を得るということがあった。やはり、何らかの具体的な「手段」をもつことは、専門性を認められる上で、大いに役立つものである。

多くの投影法の基本として、言語連想法がある、と言ってもいいだろう。単純そうに見えるが、やはり「連想」ということが、いかに大切であるかがよくわかる。論理は、万人に通じるものであるだけに、その展開を追っていても個性は見えにくい。しかし、「連想」は、それに正誤はなく、何と言ってもいいのだから、そこに個性の関与が強くなる。この点で、連想検査を工夫すれば、臨床心理学の研究において有効な手段となることが、まだまだあると思う。特に最近では生理学的な測定器具が発達したので、それらとの組み合わせで、興味深い研究が可能ではないだろうか。大学院生で、面白いアイデアを生かす人はいないものか、と思う。

心理テストと心理療法

心理療法の評価を心理テストによって試みることは、かつてよく行なわれ、私も行なったことがある。これは、カウンセリングや心理療法の効果が疑問視されていた時代のことである。その後、そのような必要がないようになったが、また、カウンセリングや心理療法の評価の問題が再燃している感もある。実のところ、これは永遠の問題のようなところもある。つまり、「効果」とか「評価」とかを、どのような観点からするかによって、そこに著しい差が生じるからである。特に、evidence based などということが強調されるとき、そもそも、evidence とは何かということを含めて、考えねばならないが、そこで、一時は下火になっていた、心理テストによる心理療法の評価などということが、あらたな課題として浮かびあがることもあるかもしれない。

評価というのではないが、治療者が治療の経過を知ろうとして、継続的に心理テストを行なうことは今もなされている。しかし、それは、「評価」という点をこえて、心理療法の過程の一部として考えた方がいいのではないかと思う。投影法をするときのテスターのコミットメントについて述べたが、それはすでに心理療法家のそれと同様である、と言っていいだろう。それは「客観的測定」などというものとは異なるものである。

似通った場合として、箱庭療法を考えてみよう。箱庭療法の前身のワールド・テクニック（World Technique）にヒントを得て、シャーロッテ・ビューラー Charotte Buhler が、ワールド・テスト（World Test）を考案したのを見てもわかるとおり、箱庭の作品を一種の投影法として見ることも可能である。しかし、そのような見方をせずに、共に経過を実感しつつ歩む態度で話していると、クライエントの自己治癒の力が発揮され、箱庭を置くことによって心理療法がすすんでゆくことになる。

このことから考えて、投影法を「治療的」に使用することはできないか、ということが生じてくる。たとえば、TATの図版を見せて物語をつくることを毎回しておれば、これは夢分析と同様のことになるのではないか、と考えられる。これは、クライエントがそこに興味を失わず、それにコミットしてくる限りにおいて可能である、と言えるだろう。クライエントが嫌に感じているのに行なっても無意味であろう。箱庭でも毎回作る人は少ないのだから、適当な回数でするのがいいであろう。

カウンセリングの過程のなかで、時にTATを用いるのは、あんがい効果的かとも思われる。中井久夫によって創始された「風景構成法」は、見たてのために用いられるが、むしろ、心理療法の過程のひとつとして組み込むことができるものと思われる。すでにそのような優れた事例研究が発表されている。特に重篤な事例の場合は、心理療法の過程が治療者によって把握されていないと困難になってくるので、風景構成法の使用が意味をもつと言えるだろう。

心理療法の過程は、もちろん、テストや風景構成法などによらずとも把握できるので、それを「必ず」

行なうことにしたり、クライエントが嫌に感じているのに施行したりすることは無意味であることは当然である。心理療法において重要な、治療者とクライエントの「関係性」の配慮の上に立って、それは考えられるべきである。

臨床心理士は、いろいろな仕事をしなくてはならないが、自分の「得意」とすることを何か持っていると、便利なことが多い。人間は「得意」とする領域では、安定感もあるし、心的エネルギーが適切に流れやすい、また、他領域の人に対しての説得力も増す。そのような意味で、いろいろなテストや技法のなかで自分の好きなのを選び、それについての経験を重ね、自分の身についたものとする努力を積み重ねるといいであろう。

第8章 心理療法におけるアドバイス

はじめに

心理療法の過程において、心理療法家がアドバイスをクライエントに与えることがある。この点について今回は考えてみたい。

最近はスクールカウンセラーとして働く臨床心理士が増えてきた。スクールカウンセラーとしては、アドバイスを与える機会がよくあると思うので、特にここに取りあげたのである。それは、スクールカウンセラーの研修において、「これまでのカウンセリングのように、ただ聴いているだけでは駄目で、アドバイスができないと、スクールカウンセラーはやっていけない」などということがよく言われるので、その点からも、一度アドバイスについて考えてみる必要があると思ったのである。これは、「聴く」ということについて考えることにもなるであろう。

確かに、スクールカウンセラーにとっては、特に教師から相談を受けたときなど、アドバイスが必要になってくるであろう。しかし、それを安易に行なっていると、スクールカウンセラーの本来の役割から離れたものになるおそれがある。心理療法家とスクールカウンセラーは、まったく同一ではない。しかし、後に述べることによっても明らかになるように、心理療法のできないスクールカウンセラーは、役に立たない、と私は考えている。心理療法家の目から見て、教育現場のいろいろな現象に対して寄与できることが思い浮かんでくるところに、その大きい意義がある。教育現場のベテランの経験者がアドバイスを与える、ということであれば、校長、教頭、指導主事などがすでにいるのであり、わざわざスクールカウンセラーなどを必要としない、と言っていいだろう。

そこで、心理療法という場面におけるアドバイスについて考えながら、スクールカウンセラーのことにも触れることにしたい。

アドバイスの害

アドバイスについて考えるに当って、まず第一にその害を論じるのは変に感じられようが、実際には、このことが一番大切なことではないかと思う。誰かに相談を受けたとき、それにアドバイスする、というのは誰でも考えることであるし、相談に来る人もそれを期待している。それは「常識」と言っていいだろう。しかし、そのような「常識」を破ることによって、心理療法が生まれてくることになった、と言うことができる。

臨床心理学がはじまったばかりの頃は、カウンセラーはよくアドバイスをした。夜尿をする子どもの母親に「もう少し子どもに優しく接してあげて下さい」、あるいは「夜尿をしても叱らないようにして下さい」など。この傾向は今も残っていて、不登校の子どもに接する親や教師に対して、「登校刺戟を与えないように」などというアドバイスを、常に与えている人さえいる。もし、アドバイスをするにしても、個々の場合によって異なるのがほとんどではなかろうか。常に同じことを言っているのは専門家ではない。

ところで、たとえば「子どもに優しく」などというアドバイスは、たとえ「正しい」ことであっても、それが役立つことは少ない。他人に言われてそれがすぐできるほどの人は、相談になど来ないだろう。あるいは、次のような訴えをときに聞かされるが、ある不登校の子どもの母親が、「過保護だから、子どもをもっと離して」とアドバイスされ、それに従っていたが、一向に登校しない。別のカウンセラーに相談すると、「子どもを突き離しすぎだ。子どもを甘やかすことがまず大切だ」と言われ、いったいどちらのアドバイスに従ったらよいのか、わからない、というのである。これは、心理学のある程度の知識をもとにして、アドバイスをしているのだが、クライエントをめぐる全体状況を無視してしまっているので、無意味なものになる。

アドバイスの害の大きいのは、それを何らかの「権威」を背景にして行なう場合である。たとえば、自分は「臨床心理士」という資格をもっている。だから自分のアドバイスには従うべきである、というような態度が前面に出てくると、それに対する反発のために、正しいことを言っていても、無効になるどころか、有害でさえある。

「臨床心理士」という資格は、後に述べるように、単に知識や技術を身につけているというだけではなく、人間関係や人間の心の状態について速断せず、じっくりと理解を深めてゆく態度を身につけている、ということを意味する。それを抜きにして「資格」をふりまわすのは、ほんとうに「資格」をもっているのか疑わしい、ということになる。

アドバイスの無効性や有害性が明瞭になった地点で、心理療法において「聴く」ことの重要性が認識されるようになった。ともかくクライエントの言うことに耳を傾けて聴く。そうするとクライエントはひたすら話しているうちに、治療者がアドバイスしたいようなことを、クライエントが自ら気づく。このときは、本人自身が発見し納得したものなので、その点を少し保証したり、後押しをすることによって有効な動きが生じる。もちろん実際に行なうと、それほど簡単なことではない。いくら聴いていても、クライエントが同じことばかり繰り返して言えばどうなるのか、などということもある。

ただ、ここで「聴く」と表現したことは、解決に至る道を発見できるような、治療者とクライエントとの関係をも含んでいる。それもすぐに成立するというのではなく、関係が話の内容を深め、話の進展につれて関係が深まる、という相互作用がある。知識や経験が関係の深まりに役立つこともあるし、生半可な知識が関係を浅くしてしまうこともある。これらすべてのことが心理療法においては、重要なことであり、その全体のなかで、「アドバイス」がもつ役割は極めて小さい。

これは、心理療法という仕事の中心に、クライエントの自主性の尊重ということがあり、しかも、クライエントの潜在力、可能性に注目してゆくので、常に未知なものに対して開かれた態度をもつことが必要であるからである。その点、他の専門職とは大いに異なっていることをよく認識していなくてはならない。「資格」を必要とする他の専門職は、一般の人よりもスケールの異なる知識や技術をもち、それによって援助をするので、アドバイスということは不可欠になってくる。ところが、臨床心理士の場合は、上記のような点に焦点をおくことが多いので、アドバイスということが、それほど意味をもたなかったり、時には有害にさえなってくる。

なぜ有害なのか。それは、人間が変わる、成長する、という時間とエネルギーを必要とする仕事を避け、うまく解決したような錯覚によって片づけてしまう危険があるからである。

心理療法をしていると、人間の成長には相当な努力や苦しみが伴うことがよくわかる。それだけにその達成感は大きいものがある。ところが、その場の思いつきでアドバイスを与えると、何だかうまくゆきそうに思い、物事が解決したような気さえ生じる。結果は何も変わっていないのに、アドバイスを与えた者は自己満足にひたることになる。

アドバイスの狙い

以上、ながながとアドバイスの害について述べてきたが、それではアドバイスをしないのかと言うと、実際にはしているのだから、このようなところに心理療法の特徴があると言える。常に繰り返していることだが、心理療法は、二律背反に満ちている。人間存在というものが、一筋縄でつかまえられないからである。

アドバイスが効果をもつと判断したときにアドバイスをする。これは当然のことだろう。しかし、それが「有効」と判断するのはそれほど簡単ではない。しかも、すでに述べたようにアドバイスがすぐ有効なような人は、まず相談に訪れないだろう。むしろ、稀にアドバイスが効果をもつが、その前提として話を「聴く」ことがある。この点はよく誤解されて、医者の問診のように、あるいは電気器具のチェックのように、いろいろと「訊く」ことがアドバイスの基礎と考えるのは、まちがっている。人間は機械ではない。

「聴く」姿勢によってつくられる人間関係が、アドバイスを有効にする基礎になる。アドバイスは、それを与える者と与えられる者との信頼関係を前提にしている。よく理解してもらったという体験が信頼関係へとつながるし、話をよく聴くことによってこそ、アドバイスが有効かどうかと判断もできてくる。スクールカウンセラーは「話を聴いているだけでは駄目で、アドバイスができなければならない」と言っている人は、聴くことの意味をどれほど体験して言っているのだろう。聴くことによって生じる多くの意味深い体験がないままに、ともかく「アドバイス」と言っているのなら、まったくのナンセンスである。小賢しいアドバイスをその場限りで思いつくことができるのも、ひとつの才能であるが、それはスクールカウンセラーとして本来的に必要なものではない。

臨床心理士とかスクールカウンセラーとかいう言葉が急にもてはやされ、社会からの期待も大きくなったが、それに安易に応える形として、「上手にアドバイスする」ことが、その使命であるかのように錯覚すると、しばらくはよいとしても、これは自滅の道につながってゆくであろう。

クライエントの話に耳を傾けているうちに、アドバイスが心に浮かんでくることがある。しかし、それをどのように言語化するかがなかなか難しい。というのは、こちらの言葉をクライエントが「納得」していなかったら、アドバイスは有効にはたらかないからである。そのひとつの方法として、クライエントの用いた言語表現やイメージを使う、あるいはクライエントの提示した世界の中で発言する、という方法がある。「いったんやけになってしまうと、後は坂道を転がるようなもので……」と言うクライエントに、「そんなにやけにならないで」と言うのと、「坂道を転がるときに、何かつかまるものはないですか」と言うのとでは少し感じが異なる。イメージを用いる方が、何か具体性がでてきたり、少し余裕をもって語ったりできるからである。

アドバイスをするにしても、クライエントに対する共感を表現した後にするかどうかによって受けとり方も変ってくる。たとえば、スクールカウンセラーが、不登校児のために一所懸命になって家庭訪問を繰り返している教師から相談を受けたとき、「あの子は、二、三年は登校できないでしょう」と言うにしても、このことを言う前に、「先生は、ほんとうに生徒のことを心配して努力して来られたのですね」というのを先に言うかどうかで大分異なってくるだろう。カウンセラーとしては事実を述べただけと思っていても、教師は自分の努力を否定されたと思うかもしれない。といって、この教師の行為を賞賛ばかりするのも間違っていることもある。このような「熱心な」教師が、子どもの心に侵入を繰り返して、ますます悪化させていることも多いからである。しかし、そのときにこの教師に対して、どのように言うのがもっとも効果的なのか、どのような発言が相手の心にどのような反応をひき起こすのか、などすべてについて配慮してこそ、ほんとうの「専門家」なのである。専門の知識をひけらかすのが「専門家」ではない。

アドバイスが有効にはたらいた例は、筆者にとってもないことはない。しかし、それについて言えることは、例が少ないということと、劇的な例になればなるほど、要するにクライエントの資質が高かったということである。アドバイスを生かすだけの素地をその人たちは持っていたし、だからこそ思い切ったアドバイスもできたのである。

例が少ないにもかかわらず、講演するときや、一般的な書物を書くときなど、そのような例をあげたくなることが多い。それは、そのような話は、「私が〜したので、クライエントが〜して、よくなりました」という物語になり、治療者、カウンセラーが話の主役になりやすいからである。そのなかでは、心理療法家、あるいは臨床心理士が何をしたのか、どんな仕事をしたのかわかりやすい。ところが、心理療法家の仕事の本質は、クライエントが自分自身の潜在力や可能性を発揮して問題が解決されるのを助けることであり、それは、むしろ積極的受容性によってなされるために、素人目にわかりにくく、「心理療法家が〜したので」という形で説明するのが難しい。そこで、心理療法家としての本来の仕事について語るよりは、かえって、アドバイスをして成功したような話を語りがちになる、と思われる。もっとも、アドバイスを与えるだけの仕事をしている人は論外である。他の職業ではあり得るが、臨床心理士にはあり得ないことである。

アドバイスは無効なことが多い。しかし、それと知りつつなおアドバイスをすることもある。それは、心理療法においては、何と言っても、治療者とクライエントの関係の継続が不可欠であり、そのことのために無効と知りつつアドバイスをすることがある。つまり、こちらの「聴く」姿勢の意味が相手に伝わり、心理療法がうまく進行しているとき、アドバイスの必要などないし、そのまま続けてゆけばよい。しかし、クライエントの苦しみがあまりに強かったり、クライエントが自分で立ち上がってゆく苦しみに耐え難いようなときは、治療者がしっかりと聴く姿勢で臨んでいても、「治療者は何もしてくれない」、「自分の苦しみがわかってくれない」と思い、治療を中断してしまうこともある。そのようなとき、治療者はクライエントの苦しみを共感しているので、何とかしたいという気持ちをもっている、あくまで共に歩もうとしている、という姿勢を伝えるためにアドバイスすることがある。これは、アドバイスの内容自体はそれほど重要ではないし、クライエントがそれに従うことを期待しているのでもないが、こちらの積極的姿勢を示すために言うのである。したがって、アドバイスというよりは、何とか少しでも現状を打開しようと共に努力していることを伝えるためのものである。

心理療法を受けることは、クライエントにとって、自らの問題をかかえ、自ら解決してゆくのだから、苦しいものである。したがって、クライエントとしては、少しでも治療者に助けて欲しい気が起こるのも当然である。そのときに、治療者はできる限り実際的な援助をしない。だからこそ、クライエントは自分自身の潜在力を生かすことになるのが、望ましい姿である。「できる限り実際的援助をせず」に関係を維持できるのが、専門家なのである。したがって、関係維持のためのアドバイスをするのは、自分の専門家としての能力の限界に関係していることを、よく自覚していなくてはならない。さもなければ、安易なアドバイスの道に治療者が逃れ、治療の進展を治療者自身が妨害するようなことになる。

アドバイスの質

アドバイスと言っても、その質はさまざまに異なっている。どのようなときに、どのような人に、どのような類のアドバイスをするのか、という点をよく認識していなければならない。

スクールカウンセラーの場合をよく考えてみよう。ここではアドバイスを求められることが多いはずだ。それはすでに述べてきたように、一般人の考えでは、「〜すると、〜になった」という考えが強く、特に教育界では、「教える」ことが好きな――好きすぎる――人が多い。だから子どもに対しても「見守る」などというのは苦手で、「〜すると、子どもがよくなった」という形がわかりやすく、教師は何か子どもに役立つことをしようとする。そのとき、「何か役立つこと」をアドバイスして欲しい、と期待するのも無理はない。しかし、スクールカウンセラーが配置されるようになったのも、日本の教育界のそのような傾向に対する反省から生じてきていることを、われわれは忘れてはならない。常に教師が主導して、何をするかではなく、いかに子どもの自主性を尊重するかが、今後の日本の教育では問われようとしている。

ところで、教師がスクールカウンセラーに、学級内で騒ぐ子どもの対応について相談に来る。そのとき、どのようなアドバイスをするかという前に、そのような教師の訴えを聴くカウンセラーの態度が、まず大切なのである。教師のなかにはこのことを敏感に感じとる人がある。ある校長が、「カウンセラーの先生に、話を聞いていただくだけで、ずいぶん助かります」と言われたことがある。学校の経営に関する知識は、校長の方がもちろんカウンセラーよりはるかに上である。しかし、話を聴いてくれる人がいることで、校長は自らの考えを自分で検討し改変してゆくことができる。このような事実を知った校長が、教師や生徒に対してのそれまでの態度や考えをあらためてゆくのは当然で、これは間接的にアドバイスしたのと同様ではないだろうか。

次にアドバイスとして、教師の見えなかった世界、知らなかった世界を示す、ということがある。たとえば、不登校の子どもを一日も早く登校させようと焦っている教師に対して、思春期における「引きこもり」の意義についてカウンセラーが説明すると、なるほどとわかって無用な焦りはなくなるだろう。あるいは、教師の言うことをきかない、というので、ある中学生の対応に困っている教師に、カウンセラーが半分冗談のように、あのような子があんがい市会議員になって活躍するのかも、というと教師も笑って、余裕をもってその生徒に接することができるようになった例など。

筆者自身が教師をしていた（中・高一貫の私立校の数学の教師）ので、よくわかるのだが、教師としては生徒を何とか「よい子」にしたいと焦りがちになる。焦ると視野が狭くなる。そんなときに、カウンセラーが少し広い観点や、遠い見通しなどをもって発言すると、教師としては非常に新鮮に感じたり、指導のためのヒントを得たりする。このような意味でアドバイスは有効である。

ところが、カウンセラーの観点と教師の観点がぶつかるようなときはどうであろうか。カウンセラーは「見守る」とばかり言うが、教師としては、もっと早く解決したいのだとか、「カウンセリングのような生ぬるい方法では駄目だ」という教師もあるだろう。このようなとき、カウンセラーは自分が教条主義的になっていないかをまずチェックすべきである。臨床心理士は、もちろんいろいろな心理学の知識をもっている。しかし、その知識、および理論は、物理学の法則のように、いつでもどこでも「適用」できるものではないことを知っておくべきである。臨床心理学にいろいろな学派がある、ということは、生きている人間が生きている人間を相手として考える限り仕方のないことで、それは常に「主観性」を伴なっている。しかも、人間がそれぞれ個性をもった異なる存在であることを考えると、臨床心理士は自分の知る理論を誰にでも「適用」して結論を出すのではなく、個々の場合に個別的に考えることが第一で、その際に自分の心理学の理論を「参考」にするのであることを、よくよく自覚していないといけない。

さもなければ、本人はアドバイスをしているつもりでも、受けとる側からすれば権威を背景とする「託宣」でも聞かされるような気がするだろう。

カウンセラーとしては教条主義的ではなく、子どもの幸福を願ってアドバイスするのだが、教師は「学校管理」の立場に立つので、意見が異なると感じるときもあろう。自分はあくまで「個人を尊重する立場」で発言しているのに、教師たちは「管理主義」で駄目だ、などと嘆くのは馬鹿げたことである。人生は常に二律背反的で、個人も大事、全体も大事なのである。そのときに、その場で、もっとも適切な方法は何かを考え出してゆくのが、スクールカウンセラーの役割である。

「管理」だけではない。学校あるいは教師は、それなりの考えや施策などの歴史をもっている。だから、学校のことをよく知っている教職経験のある者の方がスクールカウンセラーに向いているというのは短絡的すぎる。同質の者が集っては変革はできない。教師とは異なる観点をもった者が、教師とぶつかり合ってこそ新しい世界が開ける。しかし、そのぶつかりの基礎に「共感的理解」の努力があるところに、カウンセラーの特徴があり、そのぶつかりのなかの火花として、アドバイスが発せられるときは、意味が生じることであろう。

一番警戒しなければならないのは、相談→アドバイス→安心、というような過程が無反省に生じ、大人どもは何かしたような錯覚を起して安心するが、結局は、子どものためには何の助けにもなっていない、という「気休めアドバイス」である。もちろん、全体の過程のなかでは、しばらく気休めで息を抜く必要のあるときもあるが、これだけで終わってしまっては何もならない。

スクールカウンセラーが家族に会う場合も、アドバイスの仕方、その質などについて、以上述べたようなことを常に考えていなくてはならない。アドバイスが有効なこともあろうし、そんなのは棄ててじっくり継続して会うのが必要なときもあろう。いずれにしろ、心理療法の経験によって、人間が成長してゆく過程をしっかりと知っているからこそ、アドバイスをどのようにすべきかの的確な判断が生じてくるのである。

このあたりで、スクールカウンセラーのことを離れて、一般の心理療法の場合に話を戻そう。アドバイスの一種として、読んではどうかと書物を推薦することがある。時には治療者のもっている書物を貸すことも考えられる。この場合も相当に慎重にした方がよい。特に、書物を貸したりすると、それが重荷になって次に来られなくなることもある。読むべき本を示唆しても、次の回にすぐ読んだかどうか尋ねたりするのも圧力になる。アドバイスをしても、読む読まないは、クライエントの自主的判断に任せる形をとるべきであろう。

アドバイスは少し圧力が強いと思うとき、「ひとり言」のように治療者が話す、という方法もある。「まあ、少し散歩でもするか」という言い方が、治療者が自分のことを言っているような響きで言われると、クライエントはそれを聞き流すこともできるし、反応もできる。そのときのクライエントの反応によって、次のアドバイスが決定されてくる。これだと、クライエントに強制を感じさせることなく、次の展開への手がかりが得られることもある。

「ひとり言」に諺、逆説、ジョークなどを混じえると、まったくナンセンスのようであったり、深い意味を見つけられたり、アドバイスとはほど遠いもののようで、結果的にはよいアドバイスになることもある。単にアドバイスをするというのではなく、それと関連する「お話」をするのも有効である。「物語る」ということによって、多くの効果が生じてくるからである。

これもよくあげる例であるが、ある高齢の女性が、自分が同居している長男の嫁が「悪い」人間なので困る、何とかよい方法を教えて欲しい、ということで来談された。長い年月通って来られたが、治療者の答えはいつも同じで、「よい方法はありません」であった。アドバイスの拒否と言ってもいいだろう。この方は長い間来られているうちに、嫁への言及は消えてゆき、ひらすら自分がいかに老い、いかに死を迎えるか、という深い宗教的な話になってゆき、自分なりの方向を見出すことで終結した。アドバイスの拒否にもかかわらず、関係が維持されたが、そのために治療者は最初にひとつのアドバイスをしていた。それは「そのお嫁さんは、善光寺詣りの牛のようなものです」と。善光寺詣りの話は高齢者ならよく知っている諺「牛にひかれて善光寺詣り」によっている。欲にかられた老婆が牛を追いかけているうちに善光寺に達して宗教的発心をする話である。治療者はクライエントの意識的関心事とまったく異なる立場から、将来に向けてのアドバイスをし、それが有効にはたらいたのである。

第9章 家族への対応

クライエントの家族

クライエントが来談するとき、本人のみが来るときもあるし、家族と共に来るときもある。未成年者や成人でも重篤な人は、家族と共に来ることが多い。母親が子どもと共に来て入室するなり、その子がどれほど手におえないかを語りはじめることもある。そんな母親に対しても、子どもがひっついて離れないこともあるし、親と子ができるだけ離れて座り、互いにそっぽを向いていることもある。

あるいは、本人のみで来ても、話しはじめると、もっぱら家族のことが話題になり、その人にとって家族がどれほど重要な意味を持つかが、すぐに感じられる場合もある。「俺がここに来んで、おやじがお前に説教されたらよいのや」と叫んだ高校生もある。この高校生は、相談室とは「悪い者が説教されるところ」と思いこんで来たのだろう。そして、悪いのは自分ではなくて、父親だと言いたかったのだろう。

子どもの問題で来談した両親が互いに相手が悪いから、子どもが問題を起こすことになった、と争い合うときもある。しかし、これも考えてみると、このことによってはじめて夫婦の「対話」が行なわれたと言うこともできる。

ともかく、どのようなクライエントにとっても家族のことがその生き方に大きくかかわっている、ということを示している。したがって、臨床心理の現場では、クライエントの家族について、どう考え、どう対応してゆくか、ということは非常に大切なことになる。その点について今回は考えてみたい。

親（多くは母親）が子どもの問題で来談したときに、母親と子どもを分離して面接や遊戯療法を行なう「並行面接」については、後に論じるが、すでに述べたように、親が子どもの欠点などを話すのを子どもの前で聴いているのでは、子どもが自分よりも親を大切にしていると感じてしまうので、子どもも一人の人間として尊重されていることを示すために、親子分離して会うべきである。相談室にスタッフが多くいるときはすぐに分離できるが、私のように一人で仕事をしている者は、その点についてよく配慮する必要がある。私の場合、親子関係も少し見たいと思うので、最初少しの間は親子同席で会うが、すぐに子どもと面接をするので、その間、親に待ってもらう形をとることが多い。

人間にとって家族が大切であることは論を待たない。子どもはともかく親によって育てられるのが普通のことなので、子どもに何か問題が生じたとき、一般には「親が悪い」、「親が原因だ」と考えられることが多い。それが短絡的に一般化されると「母源病」などという言葉が流行したりする。

家族関係は極めて微妙で複雑なものである。いろいろな要素が入りこんでいる。したがって何が「原因」などと単純化できないことが多い。その上、これはよくあることだが、重い症状をもった子どもの親を見ると、「冷たい」と感じられ、親の冷たさが「原因」だと言ったりするが、これは、最初はそうでなくとも、子どもの症状が長期化すると、親としては「冷たい」態度にならざるを得ないということもある。言うなれば、親の態度は「原因」なのか「結果」なのか、速断はできないのである。

といっても、これは「母親の過保護が原因」とか、「父親の無関心が問題」などと注目して、それによって親の態度が変り、問題が解決することがあるのも事実である。これはどう考えられるだろう。まず第一に考えられることは、人間は「因果関係」によってものごとを理解することが好きである、という事実である。何か「原因」がわかると「わかった」と思って安定する。次に、その図式に従って「原因」の除去に励もうとするときに、その「因果関係の把握」が大いに助けとなり、心のエネルギーが用いられることになる。たとえば、親が治療者の説得を不満に思ったり、反対したりしていても、そこに持ちこまれてくる治療者の心のエネルギーによって、「熱心だ」と感じたり、自分のことを思ってくれていると感じたりすると、それは、その人の自己変容の動機となり、推進力となるからである。

したがって、上記のようなことが生じる限り、「原因論」は治療的に効果をもつことになる。しかし、問題は、上記のような「原因論」に親が従わないときや、中断して他に行ってしまうとき、あるいは、表面的には賛成しても、その線に従って自分を変えてゆこうと努力しないとき、などがあることである。このようなときは、単純に「原因」を追究する態度が効果をもたないのだから、他の方法を考えねばならない。

家族の問題は多くのことがからみ合っていて、簡単に因果的に把握できるものではない。その上、もっと大切なことは、家族の成員一人ひとりが、そして家族全体が、自己変容してゆく可能性をもっていることである。われわれは、むしろ、それに注目すべきである。したがって、現状から原因を探る態度よりは、未来に向かってどう変ってゆこうとするのかを期待し、それを生きてゆくことが大切である。「この子の問題の原因は何ですか」と親が尋ねたとき、「原因は何かを探るよりは、今、われわれがどうすればいいのかを一緒に考えてゆきましょう」と答えたことがある。そのような態度のなかから、新しい可能性が生まれてくるのである。

ここで注目すべきことがひとつある。それは、人間は、原因を明らかにしそれを除去しようとする態度をとるときは、そこに必要な心的エネルギーを投入することは容易であるが、「原因は追究しない」、「可能性を見出す」などというと焦点がぼやけてきて、心的エネルギーが動きにくい。これは、クライエントからすれば、治療者が「熱心ではない」、「何もしてくれない」と感じられることになることが多い。このときに、後者のような態度をとりつつ、そこに必要な心的エネルギーを使用することがなければならない。これを可能にするのが専門家である、と私は考えている。そのため、そのような態度がとれるように訓練することと、家族関係を単純な因果関係としてではなく、全体的な在り様を的確に把握する能力とが身についていなければならない。

元型的イメージ

家族の問題を考える上において、大切なことのひとつは、家族間には元型的なイメージの投影がよく行なわれる、という事実である。たとえば、高校生の男子が自分の母親がいかに自分をおさえつけて自由を許さないか、と言うのに耳を傾けて聴いていると、その母親の仕打ちがあまりにひどいのに驚かされる。子どもが少しでも自分の好きなことをしようとすると荒れ狂う。その様子がまったく常軌を逸している。母親は相当に「異常」なのではないかと心配になってくる。そこで、母親に会ってみると、子どもを自分の意に従わせたいという傾向は、ある程度感じるにしろ、「異常」などということはまったくない。ごく普通の女性である。

このようなときに、この高校生が嘘をついているとか、話を誇張し過ぎるなどと考えるのは間違っている。このとき、それは彼の「体験」を語っているのだと考えるべきである。その人自身の「体験」というものは極めて主観的なものである。そして、思春期においては、心の深層まで活性化されるので、外からの刺激に対して、ユングの用語を用いると、元型的なイメージが投影されやすいのである。

ユングの考えによると、人間の無意識の層は、個人的無意識と集団的無意識に分けて考えるべきであり、前者はその個人の個人的体験との関連によって生じたものであるが、後者は、その個人の所属する集団によって共有されていると考えられる。これも、その集団を、その家族、文化、などと考えることによって、だんだんと広く深くなってゆくが、もっとも深層は人類に共通のものと考えられる。そうして、そこには、たとえば、ある個人の体験する母親ということを超え、人類に共通の「母なるもの」とでも呼ぶべき「元型」が存在すると仮定する。その元型そのものは、あくまで知ることはできないが、それは、さまざまの元型的イメージとして、人間の意識に把握され、多くの物語のなかに語られるし、絵画や彫像などとしても表現される。たとえば、「母なるもの」の肯定的なイメージとしては、マリアや観音などの姿があるし、否定的なものとしては、魔女や山姥などがある。

実際に、ある高校生は不登校から軽いひきこもり状態になり、自分の部屋に閉じこもってばかりいたが、母親が食事を知らせるために部屋の戸を開けて入ると、突然になぐりかかってきた。母親にすると、何ら変なこともしていないのに、突然になぐりかかったりするのは精神病に違いない、と思って相談に来たのだが、その高校生に会うと、その場では、別に精神病でもなくて普通の対応をする。現実吟味もしっかりとしている。このような場合、その当人は精神病者ではないが、母親が部屋に入ってきたときには、まるで魔女が自室に侵入してきたように感じて反応してしまう。そのときの瞬間のみに限って言えば、精神病的な心性がはたらいている、と言うことができる。

このようなときに、その高校生の体験をできる限り共感して理解すると共に、母親に暴力をふるうことは許されないことを伝えねばならない。これは実に難しいことである。前者の方に傾くと、暴力も致し方ないようになってくるし、後者を強調するときは、共感の度合いは弱くなる。

きょうだい間の葛藤には、ユング Jung の言う「影」の元型が作用することが多い。影も個人的なレベルと集団的なレベルがあり、後者に近づいてゆくと、絶対的な悪の姿になってゆく。あるいは、ユングの言うアニマ、アニムスの元型は、夫婦関係の背後に作用していることになる。

クライエントがその家族について語るときに、その背後で元型がどのように作用しているかをよく認識することによって、その話をよく共感できると共に、その内容をすぐに外的事実と考えることによって生じる誤りを犯さないですむようになる。しかし、ここで、クライエントの言うことを、「～の投影にすぎない」などと思って真剣に聞かないのは、大変な間違いである。それはあくまでクライエントの「心の現実」を語っていることとして、耳を傾けて聴かねばならない。さもなければ、クライエントは自分の気持ちをわかってもらおうとして、acting out を起こしたり、元型的イメージの作用に伴なう強烈な感情を治療者に向けてきて、それを受けとめかねるということなどが生じるだろう。いずれにしろ、治療は破局的な方向に向かわざるを得ない。

このようなことを避けるためには、治療者が、元型について自ら体験的によく知っていることが必要である。そのために、分析家になるための教育分析が必要となるのである。あるいは、家族間の元型的イメージの作用については、神話や伝説、昔話などの物語が多くの範例を示してくれる。これらのなかで、「神々」は親を殺したり、子どもを殺したりするが、現代の親殺しや子殺しの事件の背後に、これらの神々の物語があることを認識しておかねばならない。それによって、われわれは人間の心の深みを理解することができるのである。

以上は、ユング派の立場によって述べたが、他の学派においても、家族の問題を考えるときに、人間や家族ということについて、治療者が体験的な深い知識をもつことを要請するのは同様のことであろう。さもなければ、クライエントの話を真剣に聴くことができなかったり、クライエントの言うことを短絡的に外的事実と混同してしまう失敗を犯すことになってしまうであろう。

家族の全体像

単純に「原因」を探し出すような態度ではなく、家族をもっと全体が相互に作用し合っている存在としてみるように心がけねばならない。そうすると、父親や母親が「原因」――それはしばしば、父親や母親が悪いと表現される――として考えるのではなく、その家の三代、四代続いてきた傾向との関連で考える方が適切なときがある。個人やその直接の家族ではなく、その「イエ」の在り方を考えた方がよい、と言えるだろう。たとえば、父親が暴君的な存在である家でも、それなりに子どもは社会に適応してゆけていたとしても、それが何代も続いてくると、その傾向が強められてきて限界に達してくる。そうなると、子どもたちのなかにそれに対して強烈に反抗する子が出現する。その他のきょうだいは、無理して何とか自分の気持ちをごまかしたり、おさえたりして生きているなかで、その子は反逆するので、その子だけが「悪い」と見なされたり、「問題児」ということになったりする。

しかし、見方を変えると、その子は何代も続いたその「イエ」の一方的な傾向を何とか方向変換するという使命をもって活躍しようとしている、と言うこともできる。もちろん、これはこのような見方も可能だ、ということである。ここで大切なことは、この「イエ」が「悪者」を排除して全体の安定を得ようと焦りはじめることがあっても、その子を受けいれることによって、その「イエ」全体が新しい方向を見出すことの方がはるかに建設的である、と治療者が確信をもって接することである。

この場合に、治療者のこのような見方をいつ誰に話すのか、話さないのか、あるいはどのように表現をするのか、も非常に微妙な問題である。うっかり本人に話をすると、本人が喜んで英雄気取りになって、自分自身を変えてゆく努力をしなくなるかもしれない。さりとて、何も説明せずひたすら我慢することだけを家族に強いている、と思われていたのでは長い道程を共にすることができないかもしれない。このあたりのことをよく考え、まさに場合によって異なる適切な方法を治療者は考え出してゆかねばならない。

それぞれの「イエ」は、何らかの価値観とか傾向とかをもっている。それ自体は何ら問題ではない。

しかし、それがある時点において変更せざるを得ない状況が生じる。そうなると、この家族のなかに「問題児」が出てくる。これは、以前からよく言っていることだが、その家族全体で解決するべき「問題」を提示しているのである。その子を「悪者」にするのではなく、家族全体がその「問題」の解決に取り組むことによって、その「イエ」に新しい展望がひらかれるのである。

家族の全体像を見るようにすると、たとえば、子どもの思春期の問題で来談したときに、その父親も母親も中年の問題をかかえていることが見えてくることがある。両親は子どものことばかり心配しているが、実は自分たちのかかえている問題をあまり意識していないので、そのために子どもの問題を増幅させているのである。こんなときに、冗談めかして、「子どもの思春期と親の思秋期は、あんがい重なるものですよ」と言ったことがある。このような冗談めかした表現によって、親がはっと気づいてくれるといいが、なかなかわかってもらえないことも多い。このようなときは、あくまで子どもの心理療法のために、親にも来てもらうという形を取りつつ、親が自分の問題を自覚できるタイミングを待つのがよいであろう。

子どもの問題に親の問題が重なっている場合について述べたが、「問題だ」という言い方ではなく、「人生の課題」という表現をするなら、どんな人でもそれぞれ課題をもって生きていて当然である。そう考えると、家族の成員の間で、それぞれの課題がいろいろとからみ合ってくるのは避け難い。そして、夫婦の関係においては、それらの関係によって、強い魅力を感じたり、急に反発を感じたりするわけであるから、家族間のダイナミズムには、治療者は相当な注意を払わねばならない。

家族を全体として捉えて考えるひとつの立場として、家族システム、という考えがある。その家族は、どのようなシステムをなしているのか。そして、そのシステムの欠陥として、成員の誰かが問題を起こす。そこで、その当人のみを対象とするのではなく、家族システム全体を考え、その改変を目ざすのである。このような方法もなかなか効果的である。日本人の家族関係は、あんがい深いところでからみ合っているので、個人のみを相手にせず、家族全体のシステムを見るのも、ひとつの方法である。

私自身は、システムというよりは、コンステレーションという語を用いることが多い。これは、家族のみでなく、できるだけ現象を全体として広い範囲で見ようとすることや、意識も無意識も入れこんでという点があるので、この用語を用いている。それと、システムというと、そのシステムの改変を治療者が意図する態度が強くなるが、コンステレーションというときは、全体の自然な動きや、可能性に賭ける態度が強くなり、適切な「時」を待つということにもなると思う。いずれにしろ、これも一長一短で、自分の好む考えや方法によるにしろ、その特徴をよく知り、欠点をカバーすることを心がけていなくてはならないだろう。

いずれにしろ、家族システムを的確に把握する能力、コンステレーションを読む能力がなければならず、そのためには、相当な体験知を必要とするのは言うまでもない。

家族の構造を考える上において、わが国の家族の在り方が急激に変化しつつあり、そのために多くの混乱が生じていることも、よく認識しておかねばならない。かつての日本は「イエ」の継続と繁栄を第一とし、そのためには個人の欲望がある程度抑えられるのもやむなし、と考えられていた。戦後、自由主義・個人主義的な考えが強くなると共に、経済の急激な成長によって、核家族化が急激に進んだ。しかし、欧米のように長い期間をかけて個人主義や自由主義になり、その背後においてキリスト教の倫理観が支えとなっているのと異なり、日本では、あまりに急激に核家族化したので、それを支える倫理や宗教が極めてあいまいなままである。このことによって多くの問題が生じている。たとえば、「父親の役割」、「母親の役割」などと言っても、かつての日本では、それらを実母、実父、のみならず祖父母や、親戚の人まで含んで多数で上手に分けもっていた。ところが、核家族になると、急に各両親が、「父」、「母」としての役割を遂行しなくてはならなくなる。

このような現代の日本の家族の困難点をよく認識していないと、治療者はクライエントの父親や母親を責めたり、「昔はよかった」式の言辞を弄することになる。ここに極めて簡単に述べたが、治療者は、このような日本の家族のもつ困難点について詳細に知っておかねばならない。現在、「子育て支援」ということが急激に叫ばれるようになったことの背景には、わが国のこのような家族の状況があることを認識していなくてはならない。

親子並行面接の留意点

ここで臨床の実際場面に戻って考えてみたい。子どもの問題で、親（多くは母親）が子どもを連れて来談した場合、親と子との並行面接をすることが多い。子どもを親の従属物としてではなく、一人の独立した人間として会うことを示すために、それぞれ別に会うことはいいことである。しかし、子どもの分離不安があまりにも強くて、無理に分離させることによって生ずるマイナス面が大きいと判断されたときは、親子一緒に会い、回を重ねるにつれて分離をはかることにもなる。

しかし、子どもが少しぐらいぐずっていても別々に会うとか、制限時間をしっかり守るとか、するべきことはしっかりとするという態度を治療者が、クライエントの親子に見せることも大切である。優しさのなかに厳しさがある姿勢を示すことは、親が子どもに接するときの参考になるだろう。

一般に母子の並行面接をするときは、母親が子どもにどのように接するといいのかを指導してもらう、ということを期待するだろう。端的に言うと、自分には「問題がなく」、問題のある子にどう接してゆけばいいのか、と考える。しかし、面接を続けているうちに、考え方や生き方を改変すべきは、むしろ親自身であると気づくことも多い。

治療者は、このような変化の方向や程度などについて、最初からある程度の見とおしをもつ必要がある。そして、それに従って、その会い方も変ってくるだろう。たとえば、親が子どもに対して「～すべきですか」などと具体的に質問するときに、それに直接に～すべきであるとか、すべきでないとか答えていると、母親は治療者を「育児に必要な知識をもつ人」と見なして、もっぱらその指導に頼ろうとするだろう。それに対して、直接に答えるのではなく、何でも他人に頼りたくなる母親の気持ちの方を受けとめるようにしていると、母親は自分自身のことを考えはじめるようになるだろう。

ただし、母親の質問には答えず、ただ話を聞いているだけだと、母親は不安になったり、治療者を頼りないと思ったりするだろう。このあたりのバランスに留意しつつ応答をしなくてはならない。

もちろん、子どもの発達段階や、心のダイナミズムなどについて、治療者はよく知っていなくてはならないが、だからといって、それを早くから前面に出してしまうと、母親が自ら考え、発見し、自己改変を行なう過程をとめてしまうことになる。説明や説得よりも、共に考えて、共に方向を見出してゆく会い方が望ましい。

子どもの年齢が高校生、あるいはそれをこえるほどになると、親との接し方が難しくなる。クライエントが成人に達していて、その親もきょうだいもそれぞれ困難な状況にあるとき、家族のそれぞれが異なる治療者によって心理療法を受けるのは、あまり好ましくない結果になることが多いようである。各治療者間に関係がないときは、家族がそれぞれの道を歩むことになり、しかも、多くの場合、それぞれが相当危険な道を歩くことになるので、家族がそれに耐えられず、バラバラになってしまうからである。

困難な家族ほど、治療者が一人で背負うのは苦しいので、他の治療者に助力を求めたくなるものだが、「難しい」ことの覚悟を決めて、一人で向かってゆく方がかえって結果はいいように思う。これは、母子並行面接のときも同様で、母と子と同一の治療者が会うのは、もちろん困難なことが生じやすいが、非常に困難なケースのときは、かえって一人で母子を担当する方がうまくゆくことも考えられる。

スタッフが多くいるところではなく、一人だけの相談室のときは、家族のなかの誰か一人に焦点を当て、その人をクライエントとして、その人を通じて家族全体をみることになる。クライエントが高校生、それ以上の年齢のときは、本人と会い、親には副次的に会うことになるが、クライエントはずい分よくなったのに、親から突然、クライエントの様子が大変悪くなったなどと電話がかかってくることがある。こんなときは、親が治療者に会いたがっているときが多い。子どもの変ってゆく姿を見て、親が治療者に陽性の転移を向け、会いたく思うのだが直接的に言えないので、子どもが急に悪くなったなどと言うのである。

このように、クライエント一人のみを相手にして会っているようでも、常にそれを取り巻く家族のことについて、いろいろと配慮している必要がある。日本では、誰か一人の人に接するということは、その家族のことも引き受けるのだ、という覚悟が必要だと言えるであろう。したがって、心理療法家は、家族論に精通していなくてはならない。

第10章 心理療法と笑い

はじめに

「心理療法と笑い」について書いてみてはどうかと示唆を受けたのは、金剛出版の編集部の人からである。それに以前から、雑誌『臨床心理学』の編集委員の長谷川啓三氏からも、同じタイトル、あるいは、「心理療法とユーモア」について書くか、同誌で特集をしてはどうか、などと言われていた。それに、心理療法やカウンセリングの講習や研修の場で、同様のことについて質問を受けることが、ときどきある。このことに対する一般的な関心の高さが感じられる。

もっともこのような要請があるのは、筆者がよくジョークを言って人を笑わせたり、自分自身を笑うのが好きだという事実が関係しているであろう。確かに、筆者はそのような傾向を強くもっている。この要因のひとつは、筆者の子ども時代は軍国主義の時代であり、日本の社会を支配していた軍人は笑うことを極端に嫌った。「男は人生に三度笑うだけでいい」など、教練の教官（軍人である）が強調したりした。要するに無批判な没入は笑いを嫌う。笑いは物事の間に距離を生ぜしめ、客観化を生ぜしめる。ひとつのイデオロギーで人間を支配しようとするものは、笑いを排除しようとする。

以上のような傾向に弱いながら対抗しようとすることもあって、筆者は子どもの頃から「笑い」が好きであった。この点はよく御存知の方が多いが、講義でも講演でもよくジョークを言う。

それでは、心理療法の場合はどうか。この課題を与えられたとき、自分の心理療法の場面について思い出してみたが、実に「笑い」が少ないことに気がついた。ジョークを言うことは少ない。それは、あんがいだと思われる人もあるかもしれない。しかし、事実は、極めて少ないのである。これはおそらく次のように考えられるのではなかろうか。心理療法の場合、治療者はできる限りクライエントの歩みにつきそい、共感的に理解しようとする。これは相当な「没入」体験であって、そこに笑いが生じる可能性がないのではなかろうか。とすると、それはまったく「無批判」だろうか。やはり、そうではない。心理療法家はどこかで、自分のなかに客観的な目をもっていなかったら失敗してしまう。しかし、その「客観性」はあくまで治療者の内部のことであり、しかも、それはある程度以上に強くなったり、前面に出てきては困るものなのだ。そのために、やはり「笑い」が心理療法場面では少なくなるのではなかろうか。

以上のようなわけで、心理療法場面における「笑いの体験」は、筆者の場合、あまり多くはないが、せっかくの機会なので、思い出せる事例のなかで、その笑いの意味合いの異なるようなものを列挙し考察してみる。印象的なので、すでに他に発表したもののもあるのを了承していただきたい。

さまざまな笑いの体験

筆者の体験したなかから印象的なものをあげてみる。順序は不同である。

1 トリックスターの笑い

高校生男子のクライエントで、5年間不登校が続き、その上、一時は精神分裂病（当時）と誤診され精神病院に長らく入院していた。面接を続けていてわかったのは、大変に几帳面で、面接時間に一分一秒の狂いもなく来談することだった。まさにその時間というときに、さっと現われる。治療者の筆者は感心して、あるときに、そのことを話題にした。クライエントはいささか得意気で、時間に遅れるのはいかに罪悪であるかと述べ、自分は遅刻を避けて、時間の余裕を見て目的地に到着して待ち、その時間が来たときに扉を開けるという。治療者はそれに感心してしまって、思わず「あなたのような方は人生において遅刻欠席全然なし、という生き方をされてきたのですね」と言うと、クライエントもそれにつられて、「ええ、私は遅刻欠席全然……」と言って絶句してしまった。実のところ、クライエントは学校を5年以上欠席しているのである。あまりのことに、われわれは顔を見合わせて吹き出してしまった。

この笑いの体験を基にして、クライエントは、彼のこのような完全主義的な生き方が、不登校の要因のひとつになっていることを悟る。つまり、一日欠席すると、それを取り戻そうとして勉強するが、彼の完全主義のために、それを一日で成し遂げられない。その結果、休むことになり、それを取り戻そうと努力するが駄目。このことを繰り返し、最後はまったく絶望して努力を放棄してしまう。彼の表現によると、「少しでも遅刻しないと努力しすぎて、かえって欠席してしまう、という生き方になる」と言うのだ。

彼の堅い生き方を打ち破るものとしての「笑い」は、まさにトリックスターのもたらしたものと言っていいが、この際、それは治療者が意図的にしたことではなく、まったく無意識のうちに生じてきて、それによって、治療者もクライエントも共に笑ってしまっているところが特徴的である。セラピー空間というのは、このような現象が生じるところではないだろうか。

治療者はクライエントの言説を客観的に判断して反応したのではなく、むしろ共に主観の世界に入ってゆき、その距離のなさに対して無意識の方から反応があったと見るべきであろう。

クライエントの堅い防衛や性格をゆり動かすものとして、トリックスターの存在は極めて有効である。そのため、治療者が意図的にトリックスターの役割をとることも考えられる。しかし、それは少しでも方策を誤ると、単なる破壊に終わってしまう。この点はよくよく注意していなくてはならない。

2 納得の笑い

クライエントの状況を説明するために、治療者が例をあげたり、理論を述べたりする。しかし、「理論的説明」は、満足しているのは治療者だけで、クライエントはさっぱり納得がいかない、ということが多い。筆者は理論的説明をすることは少なく、例をあげることの方が多いが、「納得」という点では、「お話」をするような感じになるようである。「お話」ということは大切である。

大学4年生の女子で、母親との関係が悪く、そのために来談したクライエントがあった。母親はことごとに彼女を批判するが困ったことにそれはまさにそのとおり、と本人も従わざるを得ないことばかり。クライエントは何とかしたいと思いつつ、結局は自分の無能さを責めるばかりで、何とも致し方がない状況にあった。彼女は劣等感と自責の念のために畏縮して失敗し、また母親に叱責されるという悪循環のなかにあった。

面接を続けているうちに、ユングの類型論に従うと、彼女は内向直観型であるのに対して、彼女の母は、外向感覚型であることが明らかになってきた。二人のタイプはまったく相反するわけで、その際に片方が上で、下の者を批判的に見るときは、まったくの無能力者としか見えないのである。その上、内向直観型の人は、現代の時代精神と合わないので、能力はあっても損をすることが多い。

以上のことを「理論的」に述べるのではなく、外向感覚型の上司の下にいる内向直観型の会社員が、努力しても失敗ばかりして、上司からはまったくの無能力者と見られる、という「お話」を治療者はした。それを聞いていくうちに、クライエントの顔がみるみる明るくなり、そのとおりとうなずいているうちに、笑いで一杯の顔になった。声を出して笑い出すのではないかとさえ思ったが、笑いながら、彼女の目から涙が溢れでるのが印象的であった。

このような笑いを「納得の笑い」とでも名づけたいが、クライエントにとっては、それまでの自分の置かれた状況がいちいち納得されると共に、自分は「何も駄目な人間ではなかったのだ」と思い、新しい地平が開かれていく思いをしたのだろう。彼女の涙は、それまでに、わけがわからなかったために不当に苦しんできた自分に対する同情の涙だったのかもしれないし、嬉し泣き、という感じもあっただろう。治療者にとって明確に了解しやすい事例の場合、クライエントの「納得の笑い」を見ることは多い。

3 ゆとりの微笑

上にあげた例のように、治療者が了解し、それを「お話」によってクライエントに伝え、クライエントも納得するような場合は、明らかに解決が容易なときである。これに対して、もっと困難な例の場合は、このようなことは望むべくもない。治療者としては、ひたすらクライエントの声に耳を傾け、そこに語られる暗い世界のなかに共に進んでゆくより他には道がない。

暗闇を共に歩くような状態であるが、治療者としては何らかの希望をもっている。自分を支える理論や、それまでの経験などによって、普通なら絶望と思えるようなときでも、そこに一筋の光を見ていることは多い。治療者としてはそうであっても、クライエントにとっては、まったくの闇として経験されている。そのときに、この方向に光がある、と言えることは、めったにない。それほど明確には言語化できないし、下手に明確に言語化することによって事態を悪くすることも、あんがいに多い。

クライエントの苦しみを見ると、何か言わねば、と思う。といって、うっかりしたことは言えない。そこで、ずいぶん以前のことだが、「頑張って下さい」というのが治療者の口癖になっていた。それ以外に何とも言いようがない。ひたすらクライエントの話を聴き、最後は「頑張って下さい」と言って次の面接を約束する。

こんなときに極めて重篤な神経症の若い女性のクライエントと長い面接を続けていたが、治る見とおしはなかなか立たなかった。その上に、いろいろな不幸な出来事が重なった。まさに八方塞がりという状況に追いこまれてしまった彼女の話を聴いて、治療者はほとんど言葉を失ってしまった。それでも次回の面接を約束したものの、「頑張って下さい」など言えなくなった。彼女の状況のあまりの困難さに、そのような言葉はしらじらしく感じられて、言うことができなかった。

まったく沈んだ気持ちで面接室の扉を開け、別れようとしたとき、彼女が「先生、頑張ります」と言った。はっとして彼女を見ると、彼女はちらりと微笑し、その目にはいたずらっぽい光が走った。足早に立ち去っていく彼女の後姿を見ながら、治療者はクライエントが、自分の口癖に気づいていて、それを使ったのだと気づいた。

これほどの苦しみのなかでも、人間はユーモアをもつことができる。筆者はこのときの深い感動を忘れることはできない。若い女性のクライエントの心に生まれたユーモアが、絶望に陥りそうな治療者を救っているのだ。クライエントの素晴らしさに心打たれたが、実際、彼女は困難な長い道程を、その後しっかりと歩み続けるのである。

心理療法の場面において、治療者とクライエントの関係が深まると、両者の間に一体感が生じ、続いて、役割交換のような現象が生じる。上記の例の場合、治療者はクライエントに同調しているうちに、ほとんど絶望という体験をし、それこそ「頑張って下さい」などという言葉が出てくるはずもなかった。しかし、クライエントはそのような治療者の姿を見ているうちに、それまで治療者が強調しようと努めてきたこと、どれほど絶望的に思えるときでも頑張れば道が拓けるのだ、ということが、心に浮かんできたのであろう。そして、彼女の方がまるで治療者のように「頑張ります」と言い、そこに生じてきた余裕と共に、微笑を浮かべることになったものと言うことができる。治療者はクライエントから学ぶことになったのである。

4　クライエントの冷笑

笑いと言っても「嘲笑」や「冷笑」は、大分感じが異なる。笑いというものはそれを共有することによって、そこに暖かい関係が生ずるという利点をもっているが、嘲笑や冷笑は、笑われる対象を一挙に突き放してしまって、暖かい関係どころか、関係の破壊にさえつながってくる。それでも、それは治療的に意味ある場合も生じてくる。

高校生の男子。自殺未遂のために両親に伴われて来談した。彼は自分の何の能力もないということを強調した。そして「先生のように、留学したり、大学の先生になったりしている人」と異なり、自分は何の能力もないので、世の中の役に立つとするならば、せめて早く死んで人の迷惑にならぬことだ、と思ったと言う。生きていても何の益もない、という彼の話をながながと聴いているうちに、治療者はたまらなくなって――今だったらこのような応答はしないかもしれぬが――人間が生きていることは素晴らしい、どんな能力の無いと思っている人間でも努力をすれば生き甲斐を見出せるはず、というようなことを言った。それを聞くや否や、クライエントは冷笑して、「先生、陳腐なこと言いますねえ」と言った。

これに対して、治療者は「なるほど、陳腐なことだった」と同意した。「しかし、君の考えだと、僕は大学の先生だったり留学したりして偉い人だということだが、人間の生き死にに関することになると、一般論としては陳腐なことしか言えないのじゃないか」、「君の生死に関しては、ほんとうに納得のできることを言えるのは君しかいないのじゃないか」と言った。このことは、彼にとって心に響くものであったらしく、「自分にとって納得のいく生き方」を見出す方向に、話が展開してゆくことになる。

この場合、クライエントは自分の自己否定の感情に溺れ、センチメンタルになりすぎている。このため、治療者はそれと歩みを同じくすることはできない。そこで両者の間に距離が生じてくるが、治療者はクライエントに片方は引きずられているので、センチメンタルな説教めいた言説をせざるを得なくなってくる。このとき、クライエントは「冷笑」によって、ばっちりとそれに距離をとって、客観的な評価を下す。治療者はむしろこれに助けられて、クライエントと治療者の全体的状況を客観化し得ることになって、ここから治療が進む。冷笑であっても客観化という利点をもっていることがわかる。

5　哄笑の共有

上記の例を記しているうちに思い出したことがある。それは筆者が分析を受ける側であったときの体験である。前記の例と内容的には異なるが、クライエントとしての筆者が自己卑下の世界にセンチメンタルな下降を続けたとき、突然に、分析家のマイヤー先生が、「ワッハッハ」と哄笑し、筆者もそれにつられて大笑いをし、そこでセンチメンタルな自己卑下は霧散してしまった。さっぱりと消え去って見事であった。

おそらく、治療者はこの場合もクライエントの下降につき合っていたのだろう。しかし、そのようにすることによって、センチメンタルな道に「ついてゆけない」と悟った途端に、自然に笑いが生じたのであろう。それは必要な客観化をもたらし、無意味な下降は中止した。このような、さわやかな哄笑は、このような場合によく生じる、筆者の前記の例のようなセンチメンタルな説教や、見せかけの同調や慰めなどより、はるかに効果的である。このような笑いは、その場に完全に生きていてこそ生まれてくると思われる。

6 夢のなかの笑い

夢は割に笑いと関連するものだ。心理療法場面における笑いの実例を考えていると、夢によって引き起こされることが、あんがい多いことに気づく。これは、夢が思いがけない真実について語ることが多く、そのとき、その意外さとか、あまりにも的確な提示などによって、笑いが引き起こってくる。この際に、適切な客観化が生じるためと思われる。このことは、むしろ、夢分析の例としてあげられるものが多いと思うので、そのような類のものではなく、筆者にとって極めて印象的だった例をひとつ示す。

ある極めて長期にわたる抑うつ症状があり、抗うつ剤がほとんど効果を示さない、中年の男子のクライエントがいた。抑うつ感は非常に強く、笑顔を見ることがなかった。このクライエントと面接中に治療者はつい眠ってしまった。眠るとすぐ夢を見て、そのなかにクライエントが現われ、何かおかしいことがあり、治療者とクライエントは共に声をあげて笑った。治療者は夢のなかの自分の笑い声に驚いて目覚めたが、前を見ると夢のなかの場面と同じようにクライエントが愉快そうに笑っている。「先生が、あんまり気持ちよさそうに眠られていたので、おかしくなって笑ったのです」とクライエントが言う。

これによって、クライエントの抑うつ症状が治癒するような単純なことは起こらないが、このときに、治療者とクライエントが共に笑い、クライエントの愉快そうな笑顔を実際に見たという事実は、その後の困難な治療の過程のなかで、治療者にとっての強い支えとなった。

この場合、治療者がこのクライエントの抑うつに同行するのに力の限界を感じ、思わず眠ってしまったところで、無意識領域より笑いが送られてくるという、典型的な反転現象が生じているところが面白い。

7　動物のもたらす笑い

治療者がまだ初心者のころ、不登校の高校生のクライエントが何とか登校しようと決意する。ほんとうのところは無理なのだが、初心者の私も頑張るし、本人も頑張るというような形で、登校するが、校門のところで耐え切れず帰宅してしまう。落胆した親から電話があり、私は家を訪問する。クライエントは自責の念や自己嫌悪で沈み込んで一言も言わず、治療者も固くなって部屋へ入れないような状況になる。どのように状況を打開していいかわからず、ただ立っていると、その家の飼い猫が部屋に入ってきて、クライエントの足に乗った。クライエントは驚いて猫を蹴ると、猫が仰天して室中をぐるぐると走りまわった。その姿の滑稽さに、訪問者もクライエントも思わず吹き出して笑い、空気は一変して、なごやかに話し合うことができた。

思いがけない動物の行動によって、笑いがもたらされ、笑いの共有によって、治療者とクライエントの関係が回復させられたのである。人間の意図を超えたものがはたらいている点が、特徴的である。

笑いを生み出すもの

以上、記憶をたどって、心理療法場面における笑いの体験を列挙してみた。いずれの場合においても、それは治療的に意味あるものと感じられた。やはり、笑いの効用は大きいと言わねばならない。しかし、ここに例をあげながら気づいたことは、そのいずれの場合においても、治療者が意図的に笑いを引き出したものではないという点である。強いて言えば、2の場合がそれに当るだろうか。治療者は、例をあげるときにある程度戯画化して描写しているので、笑いが予期されないこともなかったが、それにしても涙を流しつつの笑いは予想しないことだった。クライエントの笑いも涙も、相当に思いがけない現象だったと言える。

以上のことを書いていて思い出したのは、かつて学生運動が烈しかったとき、学生といわゆる「団交」をする場合に、筆者はよくジョークを言って笑わせていたことである。学生と団交を繰り返しているうちに、だんだんと彼らが変化してゆくのを観察していた、臨床心理学専攻の大学院生が、「心理療法の過程とよく似ている」と指摘したことがあった。しかし、筆者はそれに対して、心理療法に比べると、はるかに楽である点が異なると答えた。学生と会う場合は、だいたいどのように話が展開してゆくかわかっていたし、予想どおりになることが多かった。したがって、心理療法の場合よりもはるかに余裕があり、余裕のあるところにはジョークや笑いは生まれやすい。つまり、筆者の意図によって、笑いを生み出すことができたし、それはだいたい期待どおりの効果をもっていた。

心理療法の場合は、治療者の意図によってクライエントを動かそうとする考えを放棄しているところに、その特徴がある。ある程度の予測や予想などはもってはいるものの、それもいつでも棄てたり変更したりする態度で臨んでいる。つまり、かつての学生たちに対しているのとは姿勢が根本的に異なり、意図的な笑いをもたらすような余裕はもっていないのだ。

だからといって、クライエントとの間に距離がなくなって、まったく余裕のない状態になってはよくない。そこに存在する余裕は、実に微妙なものと言っていいだろう。治療者とクライエントとの、つかず離れずの微妙な関係のなかから、笑いが自然に生まれてくる。それは治療者または、クライエントの無意識から生まれてくるものとさえ言えるだろう。このことは、夢の内容が思わず笑いを誘うようなものが多いことと符合するものである。

このように考えると、心理療法場面において、治療者のもっている余裕は、事態の推移を完全に予測し、支配している者がもつものではなく、事態の推移を他にゆだねても大丈夫という確信、つまり、その進行をできる限り、治療者とクライエントの共有する無意識のはたらきにまかせることに対する信頼感から生じてきている、と言うことができる。このような余裕のなかから、前述したような笑いが、むしろ自然に生じてくる、と思われる。

以上のような根本的な態度をもっているので、4の場合のように、クライエントから、ふと冷笑も洩れてくるし、治療者もそれに対して適切に対応できたのである。あるいは、5に示した治療者の哄笑も、まったく自然に生じてきたからこそ、そこに笑いの共有が起こり、治療的意味をもったものと思われる。意図的に「笑いとばそう」としたのであれば、このようには展開しなかったであろう。

動物が自然にもたらす笑いについて、もっと多くの例をあげることができるであろう。多くのペットが、個人や家庭に笑いをもたらし、治療的役割を演じる例は、枚挙にいとまがないほどであろう。ユング派の分析家のなかには、ペットを室内で飼っていて、それが分析室に自由に出入りするのを許し、治療的に「利用」している人もあった。

笑いは以上述べたように、治療的に意味深いものである。しかし、根本的には意図的な効用を期待できる類のものではない、と思われる。

第11章 心理療法における怒り

はじめに

心理療法の場においては、いろいろな感情の表現や表出がなされる。人生における喜怒哀楽がそこに示される。そのような感情について語られることもあるが、感情がそのままそこに表出されることが多い。人前で涙を見せたことがない、という人が嗚咽にむせぶこともある。常に大人しく他人の言うとおりに従って生きてきた人が、大声をあげて怒鳴ることもある。面接時間の大半をただ泣くだけで過ごす人もある。

このようないろいろな感情表現のなかで、「笑い」についてはすでに論じた。本章は「怒り」について論じることにしたが、これは心理療法の現場において、「怒り」ということが非常に重要な事柄と思うからである。クライエントの怒り、セラピストの怒り、あるいは、それを取り巻く人たちの怒り。これらは心理療法の現場においてよく生じることであり、そのために困難を感じている治療者も、相当にあることだろう。クライエントの怒りの激しさや、その長い持続性に対して、どうしていいかわからない、という経験を一度もしたことはない、などという治療者はまずないのではなかろうか。

怒りについて考えてみようとして、「笑いの哲学」あるいは「笑い」についての省察は相当にあるが、「怒り」については、まずない、ということに気がついた（ひょっとして、あるのかもしれないが、あればお知らせいただくと幸いである）。これは、「笑い」というのが、もっとも人間的なものであるからだと思う。人間以外の動物で「笑う」のがいるだろうか。犬も猫も笑わない。しかし、「怒り」はある。怒っていることは、その表情や態度にはっきりと表わされている。つまり、端的に言うと、「笑い」は人間のものであり、「怒り」は動物のものなのだ。こう考えると、一般的に言って「怒り」を表出せずにおさえることが、礼儀正しいとされているのも了解できる。

日常社会においておさえることが正しいとされている「怒り」であるからこそ、心理療法の場面において表出されることが多いのもうなずけるのである。日常生活におけるいろいろな規範や習慣は一応括弧に入れ、できる限り自分の考えや感情を表出することに、心理療法の第一歩がある。このような場だからこそ、クライエントは思い切ってその怒りを表現できるわけである。したがって、先にも少し触れたが、人生のなかで一度も怒りを人前で表出したことがない、というより、自分の個人的感情は何であれ人前で見せたことがない、という人でも、心理療法の場では、怒りを表出する。これは意味のあることだ。

しかし、喜んでばかりおられないのは、その怒りが何らかの行動に結びつく、つまり、「父親が憎い」と怒りを爆発させた後で、「父親を殺したい」ということにまでなってくると対応が難しくなる。また、怒りが治療者に向けられ、それが短いものであれば問題ないが、何回も続くことがある。怒りの種類としてはいろいろあるが、治療者に対して、「人の気持ちがわからない」とか「冷たい」とか「熱心に治療しようと思っていない」などということを、来る度に言うのが、何度も続く。このような場合は、いったいどうすればいいのだろうか。なかなか対処するのが難しいのである。

あるいは、治療者がクライエントやクライエントの家族に対して、激しい怒りを感じるときがある。このようなときには、どう対処するとよいのだろうか。もちろん、おさえられるときは、それでいいかもしれないが、非常に激しくておさえ切れぬほどのときはどうするのか。これらのことについて考えてみたいと思う。

クライエントの怒り

クライエントが話をしているうちに、自分の肉親、友人、同僚などに対する怒りを表明することは、非常によくある。それらの人の欠点をあげたり、どんなに「悪い」人間かを述べたりする。その怒りの感情をしっかりと受けとめていると、それまで怒りの対象としていた人物を、異なる角度から見ることができるようになって、「気持ちがわからないでもない」と言ったり、「あんがい、いいところがある」などと言ったりする。

早いときは、一回の面接の間に変化が生じることもあるが、何回か繰り返されることもある。治療者も経験を積んでくると、その変化について、大方の見とおしを持つことができる。これは、心理療法家としては常識のようなことだが、一般的には、怒りの表明は「悪」と考えられているので、たしなめられたり、非難されたりして、怒りの感情を表出することができず、そのためにこだわりを棄て切れず、その人は自分の見方を変えたり、考え方を変えたりする機会を失してしまう。ここのところが、心理療法の場と、一般的な人間関係と異なるところである。

ところが、いつもこのように事が運ぶわけではない。クライエントの怒りがセラピストに対して向けられてくるときがある。「先生は熱心に聞いていない」、「私の気持ちをわかってくれないというときがある。あるいは、「先生がほんとうに自分のことを思ってくれているのなら、こんな時間や場所をきめて会うのではなく、時間も場所ももっと自由にするべきである」と言って、治療場面の限界設定に対して怒りを示す人もある。あるいは、「先生はお金のためにこの仕事をしているのでしょう。私の欲しいのは無償の愛なのです」と料金をとることを攻撃する場合もある。そのうちに怒りがエスカレートしてくると、「こんなところに来ても仕方がないので、もうやめます」、「今、帰ります」ということになってくる。

時には、治療者のした「失敗」に対して怒りを向けてくるときがある。たとえば、浪人中のクライエントが、「一念発起して、東大を受験したい」と言い出したとき、それはどう考えても無理なので他の大学にするようにと助言する。しばらくはそれに従っているが、「最近勉強できなくなったのは、私がせっかく意欲に燃えていたときに、先生が東大は無理だと言ったので、急に意欲がさめてきたためである。先生のやり方は間違っていた」と言って怒りを露わにする。そのときに、治療者が「失敗」を認めたりすると、「それなら、相談料を返せ」とか「訴える」ということにまで発展することがある。

このように書き出してくると、いろいろな場面が思い浮かんでくるが、治療者としては、なかなか対応に困るのは事実である。何しろ、怒りは直接に自分に向けられているのだから、誰しも面と向かって怒りをぶつけられて嬉しいはずはなく、治療者の感情も刺戟されてくる。

そこで、このような怒りがクライエントによってなぜ発せられてくるのかについて、よく考える必要がある。それを抜きにして、クライエントの怒りの強さに押され、時間を延長しようか、クライエントの望む場所で会うべきかと考えたり、「相談料を返す方がいいだろうか」などと考えたりするのは間違っている。実際にどうするかよりも、まずクライエントを理解しているのかどうかを考えるべきである。クライエントの悲しみや苦しみを共感的に理解できていないとき、そこに感じられる不備が「怒り」という形で突発してくることは十分にあり得る。しかも、それは、治療者に対するものでありながら、直接には向けられず、社会の制度や規則などの理不尽さとして表明されることもある。この点について治療者は常に配慮を怠ってはならない。

極端な例の場合、治療者が遅刻してきたことをまったく問題にしないようでありながら、「近頃の教師はなっていない」という調子で、怒りを表明したりするときもある。そんなときは、「近頃の教師というより、遅刻してきた私に腹を立てておられるのでは？」などとあっさりと直接に言う方がいい。クライエントが同意すると、「私に対して腹が立ったときは、そのまま言って下さるといいのですよ」と伝える。このことによって、クライエントは、心理療法の場では、このように感情を表現してもいいのだということを知るだろう。このような会話を、イヤミにならずに、あっさりとできるように、治療者は心がけていなくてはならない。

クライエントの怒りを共感的に理解するためには、それがどのような状況のなかで、誰に対して向けられた怒りであり、それがどれほどのものかについて考えることも必要である。治療者に向かっての怒りであっても、それは本来どのような感情を治療者に向けて転移してきたものかを考えてみることも必要であろう。あるいは、治療者の方に生じる逆転移感情を分析することによって、そのことが明らかになるときもある。ただ、この際に注意しなくてはならないのは、転移／逆転移ということを知的に解釈しすぎて、感情を殺してしまったり、共感的な体験を回避してしまうことのないようにすることである。

クライエントの怒りを受けいれているうちに変化が生じる場合については先に述べたが、そんなことが起こらずに、クライエントの怒りが続いて、治療者がそれに耐えられないときはどうすればいいのか。あるいは、怒ったクライエントの声があまりに大きく、他の人たちに対して迷惑を及ぼす場合、あるいは、器物を壊したりするときはどうすればいいのか。おそらく多くの心理療法家が、このような経験をしているだろう。それに対してどうするかについて考える前に、少し「怒り」ということについて考えてみよう。

怒りについて

怒りは人間のみならず、他の動物にも認められる。そのような意味でも、それは「笑い」と異なり、動物的であると述べた。しかし、それに劣らず大切なことは、「神の怒り」という現象がある、ということである。神、あるいは、神々の怒りは凄まじい。世界中の多くの神話のなかに、われわれは「怒れる神」の姿を見出すことができる。

たとえば「聖書」を読むとそのなかの旧約の神の怒りの激しさは、随所に認められる。神の禁止を破ったアダムとイヴに対する神の怒りは厳しく、神の「楽園追放」の命に対して、人間はただ従うより仕方がなかった。神の怒りに対しては、人間はおそれ畏《かしこ》むより他に方法がなかった。そして、この「おそれ畏む」感情体験を通じて、人間は神の存在を実感することができるのだ、とも言うことができる。

このように考えると、人間の体験する怒りの感情は、片方の極は動物につながり、片方の極は神にもつながるものであることがわかる。それは本能的なものから極めて崇高なものにまでわたるものである。とすると、人間として一度も怒りを経験しないのなどは、実に生き甲斐のないことだとさえ思われる。人間として生きながら、自分が動物につながり、神につながるような存在であることを、時には経験してみることは、なかなか意義深いことではなかろうか。

意義深いなどと言ってみても、一般には、怒りをおさえる方が立派だと思われている。すぐに怒る人は、尊敬されない。もっとも、多くの人に尊敬されている人で、すぐにかっと怒る人もある。あるいは、指導者として、指導するときに怒ってばかりいるが、尊敬されている人もある。これらはむしろ例外であろう。例外については後で述べるとして、一般に怒りが嫌われるのは、怒られる側として理不尽に感ずることが多いこと、および、人間は理性によって感情を制御するのが立派であると考えられるためである。これらは確かにそのとおりである。無闇に怒るのは馬鹿げている。もっとも下劣なのは、権力に守られたり、上下関係の制度に守られたりしているなかで、上から下に向かって怒る場面である。これは、自分は安全な立場に立って、自分の感情のはけ口に他人を利用しているだけで、何の意味もないし、害があるだけである。

しかし、怒りの感情の抑制ばかりしていては、頭と体が分離してきたり、行き場のない感情のために、結局は知的な判断力まで狂わされてしまったりする。そんなときに、あっさりと怒りを表出すると、怒った方も怒られた方も、何だか心と体の間に一筋の線が通ったようですっきりとすることがある。このようなときに「雷を落とす」という表現があるように、それは「自然現象」に近い感じがする。自然現象的な怒りの表出は、さっぱりとした感じを残すものだ。このような怒りの場合は、あまり人に嫌われることはない。

そうすると、怒りは表出すべきであろうか。このような考えから「感情を発散させる」のはよいことだと言う人もある。これを考えるためには、先に述べた「自然現象」という比喩が役に立ってくれる。すべての「自然現象」は歓迎すべきだろうか。洪水、嵐、落雷による火事などなど、人間にとっては恐ろしく、回避したい自然現象は沢山ある。

比喩的に言うなら、怒りの発散が洪水や落雷や、もっとひどく地震のようなことにつながるのは困るのである。あるいは、怒りの体験が、その人に動物や神の体験をさせるとしても、その後で人間に戻って来られないと困る、とも言えるであろう。怒りには、このような危険性が伴なっている。

怒りの表現として、「雷を落とす」という言い方があると述べたが、神の怒りの表現として雷はよく用いられる。ギリシャの主神、ゼウスの怒りは雷によって示され、それは人間の命を奪うこともあった。北欧神話の主神、オージンの怒りも雷で表わされる。あるいは、日本の神話では、死んで異界にいる妻、イザナミを、その夫の神イザナキが訪ねていったときの話の中でも、雷が登場している。イザナミはイザナキに、しばらく自分が黄泉の神に地上に還れるように交渉する間、自分の姿を見ないようにと禁止する。しかし、イザナキは禁止を破り、燈をともしてイザナミの姿を見る。イザナミの姿は腐乱していたが、体のあちこちに雷神がおり、それは禁止を破られたイザナミの怒りを示していた。この雷に追われてイザナキは必死の逃走をする。この場合は、女神の怒りを示すものとして、雷が示され、そのあまりの恐ろしさに、夫の神である、イザナキはひたすら逃げる他なかったのである。

ゼウスの雷については次のような話もある。人間の女性セメーレにゼウスが恋をして、逢いに来る。いつも闇にまぎれて逢いにくるのだが、それを知ったゼウスの妻、ヘーラーは嫉妬に狂って奸計を案じ、セメーレを唆のかせて、ゼウスに、彼がヘーラーに求婚したときの姿で逢いに来るように約束させる。ゼウスは雷鳴を轟かせてセメーレのところに現われ、彼女はその姿に恐れおののいて死んでしまう。あまりに直接的な神体験は、人間に死を与えるだけである。

この神話は、人間の限界について、あるいは、人間が限界をもつことの意義について教えてくれる。限界を超えたものは、人間に対して破壊的にはたらくのだ。このことは、ある人が怒り狂って、怒鳴ったり、ものを壊したりした後で、そのことについて訊いてみると、ほとんど何も覚えていないという事実によく示されている。つまり、その人は荒れ狂ったとき、ただ何かに取りつかれたか、やらされたか、というだけで、ほんとうに自分の「体験」になってはいないのである。「体験」を通じて学ぶなどということは起こり得ないのである。このような怒りの発散は、あまり意味がないのではなかろうか。

限界の意義

セメーレの神話は、人間にとっての限界の意義について教えてくれる。人間存在の有限性ということを忘れてはならない。人間は永遠に生きることはできない。これは人間の有限性の根本にあることである。人間は誰かを心から愛したとしても、いつもその人とのみ共にいることはできない。数えたてると切りがないほど多くの限界をもつのが人間であるが、その限界を破りたい、あるいは何とかして「無限」を手に入れたいと願うのも人間ではなかろうか。人間は長い歴史のなかで、そのような限界に挑戦し、そのことによって豊かな文化や文明を発展させてきたことも忘れてはならないであろう。人間にとって、限界のもつ意義は微妙で複雑である。

すでに述べたことだが、心理療法において、時間、場所、料金の限定があることに対して、怒りを向けてくるクライエントがいる。時には、クライエントの言うのももっともだと感じるときがある。クライエントは心理療法の場における限定、つまり一種の「縛り」について怒っている。そんな縛りを取り払ってしまえ、というわけである。その怒りを受けとめながら、このクライエントがそれまでの人生において、いかに辛い運命の束縛のなかで生きてきたのか、と感じさせられるときがある。

親に早く死なれてしまった人、親に棄てられた人もある。不慮の事故や事件による被害者の人もある。

しかも、そのような不幸がつぎつぎと重なる人もある。その人には何の責任もないのに、理不尽なことが続いて、不幸に陥ってしまう。このような人が運命の呪縛に対して怒りを爆発させるのも当然である。しかし、それをただ漫然と運命とか世界とかいうものではなく、時間、場所、料金などという、その人にとっては「理不尽」と思われる限定を加えてくる治療者という具体的な目標に向かって表明されることに、大きい意義がある、と考えられないだろうか。

時にはクライエントの怒りが治療者にとって「理不尽」だと感じられ、治療者の方にも、その理不尽さに対して激しい怒りが生じてくることもある。しかし、クライエントの生活史をよく知り、上記のようなことを配慮するならば、クライエントの怒りの激しさもよく了解できてくる。ただ耐えているというだけではなく、このように全体状況をよく理解することが大切である。

ここでクライエントの気持ちがよくわかったからと言って、単純にルールを変更するのはよくない。クライエントの要請するままに、日時を変更したり、場所を心理療法を行なっているところ以外に、クライエントに言われた所——たとえば、喫茶店など——で会ったり、料金を安易に変更したり、はしてはならない。クライエントの運命は確かに過酷である。しかし、だからと言って、そこに無限定の救いなどは生じないし、まして、人間である治療者にできるはずはない。ある人間の悲しみや苦しみがいかに深くとも、運命がいかに辛くとも、有限の限定を多くもつ世界に何とか生きてゆかねばならない、という厳然とした事実がある。治療者はそのような現実の体現者として、決められた限定を守ってゆかねばならない。このために、クライエントは怒りをつのらせるだろうが、以上のことをよく弁えて接している限り、どこかに全体として収束してゆくものである。

とは言っても、実際の経過はそれほど平坦ではない。生きた人間と人間が会っているのだから、ある程度の波風は立つ。ルール通りにやっていれば、事が済むような単純な話ではない。クライエントの苦しさを知り、怒りの収めようがないと感じつつ会っているうちに、思わず時間を延長していることもあろう。あるいは、「この際は」と決心して、時間、場所、料金の限定を破るときもあろう。それらは、ただ安易になされるのではなく、治療者の判断と覚悟を伴なっていることが大切である。「無限」を願うクライエントの気持ちをわかりつつ、お互いに有限の存在でしかない、という「悲しみ」を実感しつつ会い続けることが、全体のプロセスをすすめてゆく上で役立つことだろう。

怒りには動物や神の性格がある。そのような意味で、クライエントの怒りが人間としての限界を超えてしまう、あるいは、超えてしまったと思われるときがある。そのときは、しっかりとそれを阻止しなくてはならない。幸いにもそのような怒りは、激しくとも長続きはしない。こちらに明確な阻止の態度があるとき、それは一応収められる。もちろん、それ以後、上記したような長い経過を経て、ほんとうの意味の収束が行なわれるのだが、ともかく、その場は、限度を超えた暴発が生じないようにしなくてはならない。そのような暴発は、傷痕を残すとしても、その後に意味をもつ「体験」にはならないのだ。

日本の治療者の場合、「受容」を大切にする人が多い。私自身も受容は大切と思っている。しかし、上記のようなときは「受容」など不可能である。受容できないのに、そのようなふりをすることは、禁物である。受容などというよりも、明確な拒否が必要である。時には、治療者のなかにこみあげてくる怒りを、そのまま表出する方がはるかに好ましい。

私はこれまで、ごく少数だが、面接場面でクライエントやその家族に対して激しい怒りを表出したことがある。結果はすべて悪くなかった。関係が切れることはなかったし、それ以前よりよくなることもある。怒った本人が、まるで誰かに怒られたかのように、背筋がしっかりとする体験をすることもある。これは、怒ろうとして怒っても無意味であり、一種の自然現象として生じてくるところに意味があると思う。治療者はそのような「自然」の感情に身をまかせる態度をもつのがいいと思う。

治療者の態度

以上述べてきたなかで、クライエントの怒りに対して、治療者がどのように接するかについても明らかにしてきたが、全体をまとめるような形で、治療者の態度に焦点を当てて論じてみたい。

クライエントの怒りに対して、その由縁を知り、共感的に接することは、まず出発点である。これが可能な場合はそれでよいし、それが相当に可能となるように、治療者は人間理解の幅を広げておくことが必要である。

時に心理療法のことを誤解して、クライエントの関係者がいわゆる「怒鳴り込み」にやってくることがある。「ここに来だしてから、うちの子どもは余計悪くなった」とか、「ここでは、どんな悪いことでも許容しているのでしょう」などと言って、クライエントの親や親戚、あるいは教師などが来る。こんなのはあまり難しいことではなく、その怒りをしっかりと正面から受けとめていると、長くても三〇分ほどで怒りは沈まり、後、ゆっくりと話し合うと了解がつき、むしろ、心理療法をすすめてゆくのに強力な援助者になったりすることが多い。

難しいのは、すでに述べたが、クライエントの怒りが、「限界を超えている」と感じられる場合である。このとき、逃げようとするのが一番悪い。「料金を返せ」と言われ、お金で済むことなら、などと考えて料金を返すなどというと、クライエントは「お金でごまかされた」と感じ、ますます怒るであろう。心理療法の場のいろいろな限定を、「逃げ」のために破ってはならない。

クライエントの怒りを受けとめると言っても、すでに述べたように、人間としての限界をそれは超えているときがある。そこで、クライエントの怒りに同調し、クライエントの怒りを、母親とか教師、前の治療者などに向けて、共に怒るのは、やはり逃げの一種である。これも結果は破壊的に終わることが多い。

クライエントの過去の歴史、運命などを知ると、クライエントの怒りが理不尽に見えても了解できるようになる。了解はできるとしても、有限の存在である人間としては、どうしようもない。その「どうしようもない」苦しみや悲しみを経験しつつ、それでも「できないことはできない」人間として会う。これより他に方法はない。

「あなたの怒りはわかる」と「できないことはできない」の両者は、治療者の心のなかで、あるいは、治療者とクライエントの間で火花を散らす。そこから解決や収束が生まれてくるが、それは相当に、クライエントと治療者の個性にかかわってくることを知っていなくてはならない。そこには、確実なモデルがない。したがって、私の場合、何度か私自身が怒りを爆発させ、それは新しい展開に結びついたが、ここから「治療者は腹が立てば怒るべきである」などというルールは引き出せないだろう。それぞれの場合によって異なる展開があるはずだ。このようなギリギリの関係では、身体性がかかわることが多く、治療者とクライエントの病気が、思わぬ展開の契機となることも忘れてはならない。二人に関連する病気、事故など、あらゆることに気を配っていなくてはならない。今回は例をあげなかったが、治療者の夢からヒントを得ることも多い。治療者がクライエントの夢を見たときは、相当に考えねばならないだろう。心理療法の理論やルールは、心理療法全体の守りとして役立つものであるが、それを治療者の逃げ口上として用いるときは、クライエントの怒りを一層助長することになるであろう。それらを十分に弁えた上で、治療者の個性とクライエントの個性のぶつかりが大切になるが、そのような意味ある対決を引き出す契機として、怒りということがしばしば役立つことも忘れてはならないであろう。

第12章 心理療法の終結

終結の指標

心理療法をいつ、どのようにして終わるかは、なかなか難しい問題である。心理療法の目標をクライエントの自己実現、人格の成長などにおいているときは、そのこと自体は終わることはないわけだから、どこかで「終わる」というのも難しい気がするのである。ともかく、セラピストとクライエントの間には〝深い〟関係が生じるので、それをどのようにして〝切る〟のかという課題を常に背負っていると言ってもいいだろう。「終結」に関しては、すでにあちこちに書いているが、現在の時点で考えられることを、少し重複もするが、まとめてみることにしよう。

終結のための指標となることは、次のようなことが考えられる。

（1）主訴の解決、悩みの種であったことが解決、解消する、症状が消失する。
（2）セラピストがクライエントの心理的課題と考えていたことが達成される。

以上とは異なるが、セラピストまたはクライエントの外的状況の変化により、終結を考えざるを得ないときがある。

まず、主訴の解決であるが、クライエントからすれば、これで十分ということであるだろう。ところが、まず注意すべきことは、転移性治癒（transference cure）である。クライエントがセラピストに対して強い信頼感を感じるのだが、それが通常のレベルをまったく超えて生じるとき、症状が劇的に消滅する。筆者も何回か経験があるが、セラピストもクライエントも、まったく不思議でたまらぬ状況である。これを支えとして、クライエントが自力で自分の人生を切り拓いてくれると、そこで終結してもいいはずだが、筆者の経験したのは、いずれも短期間の間に再発し、後はわれわれセラピストの考える心理療法の過程に従って長期間にわたって治癒している。一般化はできないだろうが、筆者の経験した例はすべて比較的重篤な例であった。長い治療過程でクライエントは苦しいときもあったが、治癒の可能性があることを体験したことは、クライエントの気持ちを支えるのに役立ったと思う。

これにやや似ているが、特定の技法によって、一〇〜二〇回などと限定した心理療法を受け、症状が消失し、それ以後自力でうまくいっているのはいいが、症状はなくなったが、「積み残しの課題」を背負っている感じで、その後うまくゆかない、という場合もある。このようなクライエントはまず元のセラピストのところに戻ることはなく、他のセラピストのところに行くので、このようなときの「終結」については、特定の技法で回数を限る心理療法の場合、再考するべきだろうと思う。

クライエントに会って「見たて」をするとき、その「心理的課題」をわれわれは仮定する。たとえば、不登校という主訴でクライエントが来ても、心理療法家としては、「必要な友人関係の確立」、「新しい環境への適応」、「母親からの自立」などと一応の課題設定を試みている。それが治療過程の間に達成されてゆき、それとともに主訴も解決されるという場合、「終結」はしやすく、クライエントも同意しやすい。

このようなとき、「学校も行けるようになったし、そろそろ終わりにしよう。しかし、君はここに通っている間にどんなことをしたと思う。学校に行けなかったのが単に学校に行けるようになった、というだけではないでしょう」というような問いかけを筆者はすることが多い。そのとき、その人なりの表現で述べられていることが、セラピストの考えている「心理的課題の解決」とピッタリと合う感じがして嬉しくなることがある。ときには、小学生でさえ、びっくりするほどの言語表現をすることもある。

以上のように「きれい」に終わったときは有難いが、実際は少しずつ、ずれがある方が多い。（1）か（2）かどちらかが達成された後で、「後は自分で頑張ります」という形で終わる場合。あるいは症状は消失したが、心理的課題は未だ多く残っていると思ったままで終結し、数年後に会う機会があって話し合ってみると、見事に解決されているときもある。

「先生は何もされないのに、何だかわからぬうちに終わってしまったと思っていましたが、今頃になってやっと意味がわかってきました」という類の手紙が終結後数年経って届くこともある。

いろいろと多様な変化はあるが、セラピストとしては、（1）と（2）とをよく踏まえていなくてはならない。これらのことが未解決であるのに、セラピストやクライエントの転勤、病気などによってやむなく治療の継続を思い切らねばならぬときがある。そんなときは、他の適当な治療者を紹介するのが通常であるが、クライエントによっては、「これを機会に自分でやります」と言って、事実やり抜く人もある。後から考えてみて、偶然の出来事がなかなか必然性をもっていたと感じることもある。

中　断

治療が「終結」に至るまでに中断してしまうことがある。これはセラピストとして非常に残念なことである。筆者はチューリッヒで訓練を受けはじめたとき、偶然も重なってではあるが五人のクライエントが相ついで中断したことがある。そのときは、自分がクライエントに会うことをやめ、ひたすら自分自身の分析に専念した。やはり、あまりに中断の多いときは、セラピストとしての自分を訓練することに重きをおくべきである。

面接の約束をしておきながら無断で来談しないときは、なぜなのかよく考える必要がある。前回どのようなことがあったか、心理療法のそれまでの経過はどうであったかなど。そして反省すべき点が見つかったとき、それをクライエントに伝えるか伝えないかも簡単には決められないことである。ともかく、待っていたことと、次の約束日について手紙を出すべきである。電話は直接すぎて相手が応答に困るときもあろうと思うから、手紙の方がいい。もちろん、自殺の可能性が考えられるときとか、電話した方がいいときもある。筆者は、次にクライエントが来たときに、自分なりに考え反省してきたことを言う場合が多い。この際イヤミになったり、日本人特有の、自分の反省を述べることで、相手の反省を強要するような言い方にならぬように注意しなくてはならない。

セラピストは、肯定的、否定的いずれのことであれ、「心の事実」を「事実」として的確に述べることができるように訓練されていなくてはならない。

何回か会った後、クライエントが「おかげでさっぱりと気持ちがよくなりました」などと丁寧に礼を言ってやめようとするときは、クライエントがセラピストの非力を見抜いて、傷つかないうちに止めようとしているときであることもある。クライエントの方が役者が上で致し方ないが、その言葉どおり、セラピストの「おかげでよくなった」と思わないことである。

難しいクライエントの場合、「先生は話を聞いてくれるだけで何もしてくれないけれど、もっと効果のある方法が見つかったので、そちらに行きたい」と言うことがある。多くの場合、信頼のおきにくい新興宗教のようなところである。危険性も感じる。「それはやめた方がいい」ととめても効果がない。そのようなときは、自分としては賛成し難いが、最終的には本人の意志にまかせる。それでもこちらに帰ってきたいと思ったときは遠慮なく連絡して欲しいと言っておく。人によっては、相当に危険で変わった体験をすることによってしか、カタルシス的体験をすることのできない人がいる。そのような人を心理療法によって満足させることは、ほとんど不可能である。むしろ、ある程度の変則的な体験をした後に戻ってきてもらう方が適切なときがある。もちろん、その人が戻って来ないときは、中断ということになってしまう。

セラピストがクライエントの外的状況の変化によって中断せざるを得ないときがある。重篤なクライエントに対して、セラピストの逆転移もあって熱心に対応していると、クライエントはだんだんと依存的になってくる。転移／逆転移の状況が行きづまってきて、セラピストも耐え難い状況にまでなったときに、セラピストが転勤になる。心のなかで「ああ、助かった」と思う。このことはクライエントには伝えず、「ほんとうに残念なことになったが仕方がない」と言って、他のセラピストを紹介し、自分としては任務は終わったと思う。しかし、クライエントはセラピストの心の動きを察知して、「見棄てられた」と思う。このために後で大変な acting out が生じる。このようなことのないように、上記のような状態で中断するときは、慎重に、しかし、自分の心を偽ることなく見極めて、その前提に立ってクライエントと話し合わねばならない。

初心者の頃にある失敗としては、セラピストは心理療法の過程の方に心を奪われているので、「非常にうまくいっている」と思っているが、そのようなときはクライエントとしては苦しんでいるのに気がつかない、ということがある。人間が変わってゆくのはなかなか大変で、クライエントはいろいろ苦しみつつ歩んでいる。ところが、セラピストは「うまくいっている」と思い、その進行にばかり関心があって、クライエントの苦しみに気づいていない。こんなときは、「こんなにうまくいっていたのに、どうして来なくなったのだろう」ということになる。このことに気づいたときは、その点を率直にクライエントに伝えることで関係が修復されることが多い。

終結の不安と悲しみ

心理療法においては、セラピストとクライエントは非常に深い関係になるが、最後は別れることを前提としている。これは日常的な人間関係と明確に異なるところである。われわれはプロフェッショナルとしてクライエントにお会いしていることをしっかりと自覚していなくてはならない。

ここに「深い関係」と表現したことは、単に他人には言えない秘密を聞くというようなことを超えて、心の深層——無意識と呼ばれるが、東洋的に言えば深い意識——の内容を共有する、ということである。

あるいは、たましいのレベルという表現もできるであろう。そのような関係にありながら別れるのだから、それに伴なって不安や悲しみが生じるのは当然ではなかろうか。

心理療法の終結は、なかなかパラドキシカルである。よくなった、とか解決したという喜びとともに、大切な人と別れるという悲しさがある。もちろん、喜びの方だけが意識されることもあるが、そのようなときでも、悲しさが潜在しているときもある。

治療者の方が逆転移が未解消で別れ難く感じることもある。そのようなときは無意識のうちに引き伸ばそうとする気持ちがはたらいて、クライエントの「未解決」の問題を指摘したりする。言うなれば、人間は誰も「未解決」のことをかかえているのだから、言おうと思えばいくらでも言える。このような点については、セラピストは常によく自戒していなくてはならない。

終結に伴なう不安や悲しさなどのために、もうそろそろ終結だろうと思っていると、クライエントの症状がぶりかえしてきたり、急に新しい問題や悩みなどを話しはじめたりすることもある。そのように感じたときは、セラピーを終えるときの感情についてよく話し合う必要がある。そうすると気持ちがおさまって終結に至ることができる。

最初に述べた、(1)と(2)とがうまく平行し、徐々に問題が解決したり、症状が消えてゆくときはよいが、症状が急に消失したときは注意を要する。症状がなくなったというのでセラピストが喜んでしまうと、クライエントも嬉しいことには違いがないので、共に喜び、それに伴なう複雑な気持ちを表現できないままになって、問題を残す。ときには、症状が再発することもある。したがって、症状が消失したとき、「どんな気持ちですか」と尋ねるのがよい。長い間の幻聴がなくなったとき、「年来の友人を失ったような」と言った人もあった。

心理療法的な接近ではなく、ただ入院などの間に症状がとれ、帰宅して、家族らが喜んでいる間に、自殺した患者があったという報告を聞いたり、読んだりしたことがある。他人の喜びと、本人の淋しさや悲しさとの乖離があまりに大きく耐えられなかったのであろう。

セラピーを終わる難しさをかかえて、希薄な感じのままに惰性で続いているようなとき、外的状況の変化によって、終結の形がつくられるときもある。卒業、転居、転勤など。「おかげで、これで決心がつきました」とクライエントが表現するときもある。どのように終結するのかと迷っていたことや、しばらくの間、面接が軽くなっていると感じたことなどを話し合って、「よいときに、よいことが起こりましたね」と、その機会の意味を確認することもいいであろう。心理療法を長く続けていると、内的事象と外的事象がよく呼応し合うと感じることが多い。

子どもの場合は、成長期にあるために、比較的セラピストから別れる不安や悲しさは少ないと思われる。何よりも家族関係が好転しているはずだから、その関係に支えられてゆく感じがあるので、ますます悲しさなどは少ないのが当然であろう。遊戯療法がうまく進むときは、セラピストも共に遊ぶので気持ちがこもって、その子が来るのが楽しみにさえなってくる。そのとき終結になっても、子どもはサッパリとしていて、セラピストは肩すかしを喰ったような感じになるときもある。もう少し名残り惜しそうなところがあってもいいのに、などと感じたりする。あるいは、子どもはそのようにキッパリと行動することで、自分の気持ちにケリをつけているのかもしれない。

「こんな面白いとこはない」、「ここへ来るのが楽しみや」とやって来る子がいて、セラピストもその子に会うのが楽しみ、という感じだったが、終結の日に、「もうこんなとこ来やへんわ。ここは変な子ばっかり来るとこやろ」と言って、子どもがサッサと帰っていったので、セラピストは茫然としたという報告を聞いたことがある。子どもはこのようなきつい言葉で、いつまでも来たい自分の心を切ろうとしたのかもしれない。

終結の非言語的表現

治療の終結について言語によって話し合うのみならず、いろいろな非言語的なイメージなどによってそれが表現される。セラピストはそれらに対して注意深くあらねばならない。日本人のなかには、これだけお世話になったのに、「止める」などと自分から言い出すのは申し訳ない、などと思っているクライエントもいる。あるいは、あまりにあっさりと終結のことをセラピストが言語化すると、嫌われたのかとか、見棄てられたとか思うクライエントさえある。したがって慎重に話し合う必要があるが、クライエントの非言語的表現に注目していると、終結のきざしがよく見えるときがある。

子どもの遊戯療法で、治療をはじめた頃にしていた遊びからそれまでに至るのを、ひととおりやりながら「先生とこんなことして遊んだなぁ」などと思い出にふけるようなとき、終結の準備をしていることがある。これは成人の場合も同じで、こちらは言語による表現で、先生のところにはじめてお伺いした頃は……という話をしたり、一番苦しかった頃のことを思い出して語ったりするとき、言外には「終わり」の近いことを告げていることが多い。

子どもの遊戯療法で、それまではしなかったのに、玩具をきれいに片づけて、部屋の整理をしたりすると、まさに、問題が「片づいた」と告げているように感じるときがある。

以上のことは、終結の日が決まっている際、終結の儀式のようにして行なわれるときもある。最終の遊びと言っても、淡々とそれまでどおりの遊びをして帰る子もあるが、なかには、遊びのなかでセラピストをピストルで打ち殺し、セラピストの倒れるのを見て、さよなら、と帰って行った子もある。別れることとの辛さを何とか超えてゆきたい気持ちとか、自分以外の子どもがこのセラピストに会うことはないという状況を遊びのなかで表現しようとしたとか、いろいろなことが考えられるだろう。

終結近くになって、特徴的な夢を見ることがあるのは、「終結夢」としてすでに報告したことがある（河合、1979）。多少重複するが、いろいろな場合について述べてみる。

セラピストと共に乗物に乗ってどこかへ行こうとしているが、その途中で、クライエントは降りて、一人で歩いてゆこうとする夢。これに類する夢は多く、意味は非常にわかりやすい。クライエントは、まさに一人で自分の道を自分の足で歩いてゆける、というわけである。

入学、卒業、就職などの人生の節目のことが夢に生じて、ひとつの「節目」であることが明らかになるという形で、「終結」が告げられることがある。卒業のときは「成績表」がついていて、それを見ることによって、心理療法の成果が、どのように「評価」されているのかのヒントが得られて興味深いことがある。もちろん、直接的に出てくるわけではないので、連想などを通じて明らかにしてゆくのである。たとえば、数学でよい点をとったことがないのに、夢のなかの評価では、数学が「5」とついていたりすると、数学についての連想を訊く。そして、「自分が不得意と思っていたことが、あんがいできるようになった、ということでしょうか」などというように話し合いを続けることで、その「評価」の意味を探るのである。

セラピストの死の夢も「終結夢」としての意味をもつことがある。筆者自身の例でも何例かあり、前述の論文に夢の例を発表している。その死に方もいろいろで、涅槃図のように見事なのもあるし、焼死などというのもある。それらのなかに、終結に臨んでのクライエントの心情がよく読みとれる。

以上は終結を示唆する非言語的表現の例であるが、ここで「終結の儀式」ということに少し触れておきたい。相談に来て問題が解決すると来なくなるのは、別に当然のことであり、儀式など必要ない、と思う人もあろう。確かにそのとおりで、そのようなことは不要な場合が多い。しかし、長期に及んだときは、何らかの「儀式」をすることによって、それを心におさめようとするのも了解できることである。

クライエントのなかには、最後に食事に招待したいなどという人もある。いつも、言うなれば「非日常」の空間で会ってきたが、その関係は終わり、日常的な関係へと戻るのだから、そのことを明らかにするという意味と、感謝の気持ちの表現として言われるわけである。こんなときも、安易に承諾すべきではなく、面接場面で会わないと言っても、またいつ面接をしなくてはならないかもしれないし、下手に日常関係をもたない方がいいと思ったら、その点を説明して断るべきである。これは、お礼の贈物などについても言えるだろう。どうすべきだというルールはないが、その意味、後に及ぼす効果などをよく考えておかねばならない。セラピストの方がクライエントに贈物をしたいときもあるだろう。こんなときも相当な配慮が必要である。

関係の永続性

終結ということには不安や悲しみが伴なうと述べた。それに、自己実現の過程は死ぬまで続く——死後の自己実現まで考える人もある——とすると、心理療法はなかなか終われないのではないか。つまり狭義の「療法」という意味ではなく、自己実現、人格の成長ということを中心に据えて来談する人の場合はどうなるのか、終わりはあるのかということになる。

筆者自身の場合について考えてみる。筆者はユング派の分析家の資格をとるために教育分析を長い間受けていた。そして、資格を取得して帰国した。分析家とはもちろん会わなくなったわけだが、「分析は終わった」と文字どおり考えたかと言えば、決してそうではない。帰国後も、夢のなかには重要な意味をもって分析家が登場した。あるいは、難しいケースのことを考えているとき、分析家と心のなかで「対話」していることがよくあった。これらのことから考えると、分析家との関係はずうっとつながっている、と言える。しかし、依存している、というのではない。分析家に相談しないとものごとが決められない、というのではない。言うなれば、分析家は筆者の心のなかに内在化されている、ということになる。

内在化されてしまって会う必要がない、というのでもない。その後、スイスを訪れる機会を利用したり、時にはむしろ分析を受けることを目的としてスイスに行ったりして、分析を受けた。これは、非常に意味があったと思う。筆者の分析家は二人とも他界した。しかし、関係は続いている、と言うことができる。関係は永続している。

このことは大きいヒントになっている。つまり、クライエントと定期的に会うか、会わなくなるか、という差はあるにしても、本質的には「関係」は永続している、と考えるのである。もちろん、この「関係」はその人のことをいつも考えているというようなレベルではない。心の極めて深いレベルでのつながりである。たましいのレベルという表現ができるかもしれない。そのような「関係」が成立すると、実際に会っているか、会っていないかということはそれほど大きい問題でなくなってくる。このようになると、かえって現実的には一応の「終結」がつけやすいのである。つまり、それはあくまで、「一応の終結」なので、会わなくなることに、不安や悲しさを感じることが、ほとんどなくなるのである。

実際このようにして「終結」した人が、必要となると帰ってくることがあるし、ときどきの便りなどで、その自己実現の過程の継続ぶりを窺い知ることもできる。

このような「関係」は自殺をした人の場合に感じることもある。自殺したためその後会うことはないが、「関係」は続いている。このときは、家族と共に喪の仕事をすることにもなるし、その間にセラピストや家族の見る夢によって、クライエントの死を受けいれることができて、心のなかにおさまってくることもよくある。このようなときは、その家族の人たちとは、日常的関係がずうっと続くこともある。

自殺した人との「関係」を保持していると、広い意味では、内的にスーパーバイザー的な役割をその人が担ってくれることもある。心のなかで、その人と対話したり、夢に出てきて忠告をしてくれたり、ともかく助けになることがあるし、慢心することを防いでくれるときもある。

このように考えて行動しはじめると、一般に関係がないと思われていることが、実に多様に複雑にからみ合っているのが見えてきて、それらを全体として、そのコンステレーションを読みとくことが、セラピストとしていかに大切かと思い知らされる感じがする。その全体的なコンステレーションのなかで、ある一人の人間とある一人の人間が継続的に会うのを続けるのか、やめるのか、という感じで「終結」という現象を見ることができる。そうすると、「終結」ということは最初に述べたようになかなか難しい問題であるが、最初に考えていたほどに大きいことでもなくなるのである。

文献

河合隼雄（1970）『カウンセリングの実際問題』誠信書房（注1）
河合隼雄（1979）「夢の中の治療者像」『精神療法』第五巻第三号、二一七頁〜二二二頁
河合隼雄（1992）『心理療法序説』岩波書店（注2）

（注1、2のいずれにも「終結」に関して、一章をたてて論じている。）

第13章 心理療法の発展

心理療法の困難さ

心理療法について、それと関連することも含めて、これまで連載を続けてきたが、この最終回には、全体のまとめと今後の展望とを兼ねたことを書こうと思った。それでいろいろと考えてみたが、考えれば考えるほど、心理療法ということがいかに難しいものであるかを実感して、ともかく、そこのところが話のはじまりではないか、と思った。

心理療法の困難さという場合、それをすることの難しさがまず考えられるが、それを他領域の人に理解してもらうことの困難さ、それを「研究」することの困難さなど、つぎつぎ「困難」なことがでてくるのである。この論のタイトルも、「心理療法の発展」としたが、そもそも心理療法における発展とは何か、ということも考えはじめると難しいことなのである。

心理療法の困難さは、何と言っても人間を全体的存在として見ることから来ている。心理療法をする側も、それを受ける側も、その「全体像」というのは永遠に不可解と言っていいのだ。もちろん、人間のみならず、われわれを取り巻く「世界」も同様なのだが、そのなかで、人間にとって確実に知り得ることを、対象を限定し適切な方法論をもって明らかにしてゆき近代科学は、成果をあげてきた。しかし、生身の人間と人間が会い、人間が実際に生きてゆくことの全体を対象とすると、すでに述べてきたように近代科学の方法論は通用しないのである。

このことを人間の「心」という点で述べるならば、深層心理学の言う「無意識」あるいは「変性意識」ということが関係してくることによる困難さになる。人間は通常の生活は、それに必要な日常の意識体系を用いて生きており、そこにはあまり問題が生じない。したがって、「無意識」などということを考慮に入れずに生涯をすごす人も多くいて当然である。あるいは、無意識の心のはたらきによる影響や被害を蒙ったとしても、その認知を拒否して生きることは、ある程度、可能である。このような人に、無意識――つまり、人間の心――の現象についての理解を得ることは非常に難しい。このことが、心理療法を一般の人たちに理解してもらうことを困難にしていると思う。

無意識ということが関連し、人と人との「関係」ということがからんでくると、そこに生じる現象の把握が困難になるのも当然である。しかし、そのことを的確に成し遂げることこそ、心理療法の重要なことなのである。通常の意識の範囲内で話し合っているのは、いわゆる「相談」の段階であり、このことも心理療法のなかの一部ではあるが、もっとも本質的なこととして、無意識レベルでの相互作用ということがある。単に「相談」をしているつもりでも、後者のような心のはたらきは生じていることもある。

心理療法のために来談する人の問題は、通常の意識による思考や努力によって解決されないことが多いので、どうしても無意識的な心のはたらきに、その活路を見出さねばならぬことになる。そのときに、無意識領域に対して、心が開いている態度をもつ者、心理療法家が会うこと、つまり心の相互作用を開始することは極めて有効である。

ただ、このことは大きい危険が伴なうので、一般に心理療法においては、時間、場所、料金の設定などによって、「守られた」空間と関係をつくり出すのである。このことがわからない人にとって、時間、場所、料金の設定をすることは奇異な感じを与えることになる。あるいは、スクールカウンセリングなどの場合、このような設定にこだわってしまうと身動きがとれないので、それを適宜はずしてゆかねばならない。しかし、そのことの意味をよくよく承知していないと、自分の仕事がどのようなことかわからなくなったり、危険な状況をつくり出したりすることになる。

無意識の領域に深くかかわることは、古代から宗教者の仕事としてなされ、それは「心理的」ではなく、絶対者とのかかわりや宗教的な現象として取り扱われてきた。このことも心理療法における困難さと関係してくる。というのは、現今では「宗教」という言葉によって、いかがわしいとか、うさんくさいという感じを抱く人が多いからである。心理療法においては、本来の宗教的な現象にかかわることも生じてくるが、宗教ではないことをよく認識している必要がある。私は心理療法を、近代科学を超えた、新しい人間に関する科学の領域に属するものと考えているが、やはり、新しいことであるだけに、自分が研究し実践してゆくにしろ、他に対して説得を試みるにしろ、困難さがつきまとうのは当然のことと言えるだろう。

専門性

以上に述べてきたことからもわかるとおり、心理療法は相当に専門的に訓練された者が行うべきことである。これを行うために必要な基本的な態度、知識、技術、それに相当なエネルギーの消費に耐える強さなどをもっていなくてはならず、これは、プロフェッショナルなスポーツ選手、芸術家などに匹敵するものと考えられる。心理療法家の訓練のためのコメントや、読むべき書物などに関して、スポーツ選手や芸術家のことに私が言及することが多いのもこのためである。

このような専門性を身につけるためには、大学院修士卒業は最低の基準と言うべきであるし、その後も訓練や研修はいつまでも続けるべきものであり、止まるところはない。ここで非常に大切なことは、この専門性が「人間関係」にかかわるものだ、ということである。このことを忘れて、知識や技術の取得のみに走るときは、しばしば「悪しき専門家」となって、「心の問題に専門家は不要」と考える人たちのよき標的となるのみである。つまり、専門家不要論を唱える人たちは、臨床心理士、心理療法家、カウンセラーなどと名乗る人が、クライエントに対して、心理テストをしたり、「診断」を下したりして、截断を下すのみで、何の役にも立たないどころか、単なる「ラベル貼り」をしている、と批判する。ある面ではこれは一理ある批判であり、そのような「悪しき専門家」にならぬように注意しなくてはならない。

したがって、専門家としてまず身につけねばならぬことは、クライエントを個人としてあくまで大切にし、クライエントの立場に立ってその生き方を共に探ろうとする姿勢である。このことを抜きにしては「心の専門家」とは言えない。別に専門的訓練を受けていなくても、このような態度をしっかり身につけている人たちがいて、それは単に臨床心理学の知識を身につけているだけの者よりは、他人の援助に役立つことが多い。このことが、「専門家不要論」につながってくるのだが、これは専門家であるための第一条件であって、これだけで十分とは言えない。

次に専門家の態度として重要なことは、すでに述べたように、無意識領域に対して開かれた態度を身につけることである。これも、クライエントの状況に応じて、自分の意識水準をどのあたりに保つのか、ということを、必要に応じて変化できるものでなければならない。このことは専門的訓練を受けていない人にとって理解困難なことであるが、極めて重要なことである。心理療法家のこのような態度に支えられて、クライエントの無意識領域における心のはたらきが活性化され、新しい可能性が開かれるのである。

専門家訓練を受けなくとも、無意識領域に対して開かれた態度を身につけている人もいる。このような人も、時に極めて困難な状態にある人に奇跡的な援助をすることができたりする。しかし、そこには相当な危険性が存在する。クライエントの自殺や病的体験などをいかにして予防したり、回避したりするべきか、ということに関しての配慮が必要である。

これを行うために、心理療法家は相当な知識と技法を身につけていなくてはならない。無意識的な心のはたらきの在り様について、その意味するところなどをよく知っていなくてはならないし、治療者とクライエントの関係について、深層心理学的な分野で、転移／逆転移と呼ばれてきたことについて、体験的な知識をもつ必要がある。あるいは、クライエントの病的体験について、その程度や危険の度合、意味などを知っていなくてはならない。このような点を、ある程度客観的に知り得る手段として、何らかの心理テストの技法を身につけていることも期待される。

場合によって、他の領域の専門家にレファーしたりすることの必要性と、それをどのようにすべきかについても知っていなくてはならないし、その連携の方法についても具体的な方策を身につけていなくてはならない。

自分が「専門家」であるとは、自分のできることとできないことをよく知っていることを意味する。

自分の「限界」を知っているのが専門家である。自分の限界を弁えずに、クライエントを「かかえこむ」ことをしてはならない。

心理療法家は知識や技法を身につけることが必要であるが、すでに述べたような基本姿勢抜きの場合は、何の意味もないか、かえって有害ですらある。器機の修理をする人は、それに必要な知識と技術をもっておれば十分であるが、何度も繰り返すように、相手は生きた人間なのである。確かに一般の人に比較すれば、自分はより役に立つことができるという自信は必要であるが、それが人間存在の全体性に対する畏敬の念に基づく謙虚さに裏づけられていなかったら、心の専門家とは言えないのである。

多くの二律背反性

人間存在の全体性という場合、そこに実に多くの二律背反性が内在し、それに直面する心理療法家も、それらに対応してゆく困難さを感じさせられるのである。このため、心理療法の「教科書」を書くことも困難さを伴う。すっきりとした筋のとおった論を述べるのが難しく、何らかの論を述べた後にすぐ、その反対も考えられることや、例外のあることなどをつけ加えねばならないのである。

しかし、これらの二律背反的現象は、きめ細かく、的確にその現象を把握し、その由縁を追求してゆくことによって、それらをむしろ相補的な役割を持つものとして見てゆくことが可能になる。それを行わず表層的な理解にとどまるときは、それらは常に相反するものとして、対処するのに困難なことになる。そのために片方のみを重視するようなことになり、相補的にはたらくはずのものが破壊的にはたらくことになってしまう。

二律背反的現象に接して、いずれの側にも偏することなく、両方の重要性を認め、いわば「矛盾をかかえこんだ」態度のなかから、新しい解決の方法を見出すのは、相当な心的エネルギーを必要とするが、そのとき、ユーモアのセンスが大いに役立つであろう。あるいは、矛盾をながくかかえこむ余裕のなかからこそユーモアが生まれるとも言えるので、どちらが原因とも結果とも言い難いが、この際に、ユーモアや笑いが大切な役割をもってくると言うことはできるであろう。

多くの二律背反のなかで、父性原理と母性原理ということを取りあげておきたい。これらはもちろん両立することが望ましいのであるが、「原理的」にはなかなか両立し難いものである。これらは相補的にはたらくべきなので、ある個人、ある文化などはそれを何とか両立させる努力を払うとしても、どちらかが優位であるという傾向をもっている。近代ヨーロッパの文化は、すでに他にしばしば論じているように、父性原理優位の文化であり、それが近代において急激な発展をした。そのような発展の影の部分としての「心の病い」が生じるが、それに対応しようとする心理療法が、母性原理の重要性を認めるのは、むしろ当然のことと言えるであろう。つまり、そのことによって一面化した文化の影の部分の受けいれをはかり、全体的バランスを回復しようとするわけである。

ロジャーズ Rogers が最初の頃に強調した「受容」ということなどは、母性原理そのものと言っていいだろう。アメリカにおける強力な父性原理に対するこの強調は大きい意味があった。ところが、それが日本に輸入されると、もともと母性原理優位の文化なので、受容の強調は、アメリカでは予想もつかないほどのものになってしまう。このため、日本の心理療法家としては、むしろ、父性原理を身につけることがバランス上必要となるのである。さもなければ、「受容」ということが、単なる「受動性」になってしまったり、ただ軟弱なだけということになって、心理療法を専門家として行う強さを失ってしまう。

ここに父性原理、母性原理として述べていることの詳細については私が他に論じているものを参照にしていただきたいが、それらの本質についてよく弁えていることが必要で、単に自分の常識や感じなどを基にして考えないようにしなくてはならない。さもなければ、わが国で一般に「厳しい」と考えられている、体罰や大声で怒鳴ることや、やたらに細かい規則をつくることなどは、多くの場合、母性原理を支えとしてなされているのに気がつかず、これを父性原理の強化と錯覚したりすることになる。このような点を深く考えながら、自分の父性を強化する道を探る努力を続けてゆかねばならない。

西洋からのアカデミズムの影響をわが国は強く受けているので、何らかのアカデミックな研究を行うことが、父性の強化に役立つこともある。その研究が必ずしも直接的には臨床の実際に役立たぬときでも、心理療法家の訓練として意味をもつこともある。

すでに述べた、知識・技法と心理療法家の態度も二律背反的なこととして認識することができる。かつては、心理療法家が「受容的」な態度をとるためには、知識が妨害となるなどと論じられたこともあるが、これはやはり相補的なこととして把えられるであろう。もっとも、すべて「相補的」ということで安易に考えていると、両立よりは分裂に向かうことが多く、両者の深い理解と、それらの対立に耐える強さをもってこそ、相補的なはたらきが生じてくることを忘れてはならない。

心理療法における事実（evidence）と物語（narrative）ということについても、上記と同様のことが言えるであろう。この他多くの二律背反的現象があるが、それらについては省略する。

倫理

心理療法における倫理も重要な課題である。心理療法家は、まずクライエントを受容し、無意識的領域に対しても心を開いてゆくので、一般の日常的意識にとらわれていては仕事ができない。しかし、このことは心理療法家が常識をもたない方がいいとか、社会の規範を軽視する方がよいことを、決して意味していない。むしろ、心理療法家は一般常識や社会的規範についてよく知り、それを身につけている必要がある。その上で、それらを括弧に入れて、クライエントに会うのである。それらに「とらわれている」のは駄目であるが、無関係なのも駄目である。

心理療法家としては、自分自身は厳しい倫理観をもちながら、それに反するクライエントの言動を、心のなかで衝突させ、それに耐えられる限り、クライエントに直接はたらきかけずに待つべきである。ただ、それも限度に達したときにおいては、何らかの方法でクライエントの言動に反対したり、阻止したりすることになる。

心理療法家の倫理で実際的な問題となるのは、クライエントに対する身体的な接触のことである。それは、身体的な攻撃と、身体的な親近性、それの極端な場合としての性関係ということがある。余程の場合でない限り、身体による攻撃は抑制できるとしても、恋愛感情が強まり、治療者とクライエントと共に性的欲求が高まったときは、なかなか抑制し難いものである。このため、このような倫理規定を破ったことの話題は、欧米では相当に多く、日本でも最近、少しは生じてきている。

この問題は深刻で難しいことである。これは、人間関係における融合（fusion）への希求のこととして論じることができるであろう。人間は個々人が別々の存在である、とは言っても、まったく孤立しているのではない。そして、実際に人間があまりにも孤立してしまうときは、淋しさに耐えかねるであろう。事実、人間は他人と何らかの感情や体験を共有することを喜び楽しむものである。それが強烈になるときは、個と個の境界が破れ、二人あるいはそれ以上の人間が一体として感じられたり、個と個が融合するような感じを体験する。これは相当な嬉しさであり、我を忘れてとか、狂喜などと表現される。このようなことの必要性を感じ、人間は古来から、いろいろな「祭り」をつくりあげてきた。

これは喜びと共に、極めて危険なことも事実なので、それには何らかの超越者のかかわりを前提として、多くのルールを設けて、このことによって社会構造や個人の人格が破壊されないような工夫がなされてきた。どのような文化であれ、この種の「祭り」をもたぬところはなかったであろう。このことによって、厳しい条件のなかで生きている人々が癒され、活気づけられたのである。

しかし、近代になって人間が「理性」を重んじ、個人ということを極端に重視するようになってからは、先進国においては、上記のような本来的な「祭り」は急激に衰退していった。伝統的な祭りの形は保存されているとしても、強烈な融合体験は、もはや生じなくなってしまった。集団による癒しの工夫が壊されたのである。

そこで、各人は個人として、自分の心の癒しに責任を負うことになった。このために、各人はそのための努力を払うことになるが、キリスト教文化圏においては、唯一の神という超越者との関係において、個人が支えられており、これがうまく機能している間は、それほど融合などということは強く希求されなかったと思われる。唯一の神との関係における厳しい倫理が彼らの支えとなっており、それがだんだん弱くなるにつれて、男女間のロマンチック・ラブがそれに代わるものと言いたいほどの重みをもって登場してきた。

このあたりのことも論述する余裕はないが、ともかくこのような流れのなかで、そこからはずれた人が心理療法家のところを訪れるとすると、その癒しの過程として恋愛感情が生じてくるのも、むしろ当然であろう。この際、それがクライエントより治療者へ向けての一方的なものであるときは、ある程度は、それを「解決」したり「操作」したりすることも可能かもしれない。

しかし、その背後に「融合」のはたらきが生じているという意味で、それは相互的なものにならざるを得ない。そのとき、その本質が「融合」であり、そのときに生じるその形態を的確に把握することができると、それは実際の性関係とは似てはいるが異なるものであることがわかるであろう。それはむしろ無意識的相互過程として生じるところに意味があり、実際生活における性関係とは異なるのである。このことを知るのは難しいが、むしろ、「倫理規定」をしっかりと守り、実際の経験を拒否している間に、無意識的な融合が生じ、それを意識化することによって、問題を乗りこえてゆけるのである。

日本人は欧米人に比して、融合ということに関しては、歴史も長いし、現在においても比較的可能性が高く、それへの対処の方法も何となく身につけている、という利点をもっているが、倫理観の厳しさ、意識化の努力という点では劣るところがある、と思われる。それでも、治療者とクライエント関係（のみならず、一般的人間関係）においても、日本人が融合体験という点でよく知っていることを生かして、欧米の心理療法家に対して有用な発言をすることは可能であろう。

少し話がずれたが、倫理の問題は、これからのわが国の心理療法の発展に伴ない、ますます重要な課題となるであろう。それにしても、実際経験を離れ、ただ厳しくせよと論じているだけでは、あまり建設的な議論にならないと思われる。

今後の課題

治療者とクライエントの関係を論じる点で、日本人は世界の心理療法の発展に寄与できるかもしれないと述べたが、同様のことは、心身相関の問題についても言えるであろう。心理療法の今後の発展を考える上で、心身相関の領域が重要になると思うが、ここでも東洋の知恵が役立つであろう。

心身症の治療は近代科学の方法のみでは成功しないであろう。この領域においては、したがって、心理療法的なアプローチがひとつの解決策となると思われる。実際、心身症に対して、夢分析や箱庭療法などのイメージを重視する心理療法が成功を収めている例が、だんだんと集積されつつある。これらを基にして、心身症、あるいは、心身相関の問題について新しい知見をもたらすことが可能と、期待される。

この際、古来より「心身一如」的なアプローチを行ってきた、東洋の宗教的な修行なども大いに参考になるであろう。ただ、掛声のように「心身一如」と言っているだけでは駄目で、何らかの具体的な例や方法を提示して論議することが必要である。

宗教と言っても絶対者を立てず、むしろ、人間の心の層構造に関しては、ずっと古来より論じている仏教は、今後の心理療法の発展、および、新しい人間の科学を考える上で、なかなか有用であると思われる。このことは東洋から心理療法の発展に寄与できることのひとつであろう。筆者はこの点についてアメリカで講義をしたことがあるが（河合、1995）、これは今後とも日本人が追求してゆくべきことと思う。

少し話が横道にそれたが、心身相関のことは、今後いろいろな方法によって探求すべきであるし、心理療法の実際においては、身体的アプローチと心理的アプローチの組み合わせ、をいろいろと工夫すべきであると思う。そのときに、東洋的なアプローチを参考にするべきであろう。

以上は心理療法の発展について思いつくことを述べたが、わが国の心理療法の発展という点について言えば、欧米先進国に比べると、まだまだ努力すべきことが多く残されていることに気づく。何と言っても、心理療法家の絶対数の少なさが、まず問題である。大学院で訓練する場も増えてきたが、何と言っても質の高い心理療法家を育てることが大切で、その点で言うとまだまだ、わが国のレベルは低いと言わねばならない。

この点で、現在必要なことはスーパーバイズの充実である。個々の心理療法家を訓練する適切な方法として、スーパーバイズがあり、このことはわが国でも相当に認識されてきたが、まだまだ不充分である。このためには実力のあるスーパーバイザーを育ててゆかねばならない。スーパーバイザーの外的な制度をしっかりすることも大切ではあるが、実力あるスーパーバイザーを育ててゆく工夫をしなくてはならない。スーパーバイザーの研修について考えてみることが必要であろう。

大学院教育も「研究」のみならず、高度の専門職業人の養成ということが重視されるようになってきた。また、哲学者の中村雄二郎の提唱する「臨床の知」（中村、1992）を重視する動きが、人文、社会科学の各領域に生じてきている。これらはこれまでの大学院の在り方を相当に変える傾向をもち、筆者の言う「新しい人間の科学」の発展をうながすものである。そのような点において、心理療法の発展は、それに大いに貢献するものとして認識されることであろう。われわれはそのような点での責任を自覚すべきである。

文　献

河合隼雄（1995）『ユング心理学と仏教』岩波書店
中村雄二郎（1992）『臨床の知とは何か』岩波新書

あとがき

　本書は「臨床心理学」誌創刊号の二〇〇一年一月より二〇〇二年一一月まで、一二回にわたって、「臨床心理学―見たてと援助、その考え方―」として連載したものに、創刊号に寄稿した「事例研究の意義」を加え、僅かの訂正と、順序の調整をしてまとめたものである。

　臨床心理学を専門とする人は急激に増加し、社会の要請に応えて、教育、医療・保健、福祉、司法、矯正、保護、警察、産業などと多岐にわたり、また開業して一般市民の相談に応じている者もあり、実に広い分野で多くの臨床心理の専門家が活躍するようになった。大学院における臨床心理学の教育も大いに整備され、大学院において高度の専門職業人となるための教育、訓練を受けている者も増加している。

　このようなとき、学術雑誌「臨床心理学」が金剛出版より発刊されるようになったのは、まことに有難く、喜ばしいことである。もちろん、学会の学術誌があり、それは大きい役割を果たしている。ただ、臨床心理学のように極めて実践的性格の強い領域では、ややもすると、研究と実際的な現場の活動が乖離するおそれがあり、学会誌とは異なる自由な立場で、より現場に即した、このような学術誌が誕生したのは、実に歓迎すべきことである。

本書のもととなった連載は、「臨床心理学」誌創刊を祝うつもりで書いたのであるが、連載中は臨床心理士の方々の反響や励ましがあり、お陰で終りまで穴をあけずに続けることができたと思い、感謝している。「臨床心理学」編集委員の方々にも、ここに心からお礼申しあげたい。

なお、連載中はもちろん、本書の成立に関しては金剛出版編集部の山内俊介さんには、一方ならぬお世話になった。厚くお礼申しあげる。

河合 隼雄

◆著者略歴

河合隼雄――かわい はやお

臨床心理士。京都大学名誉教授。専攻 臨床心理学

１９２８年 兵庫県に生まれる

１９５２年 京都大学理学部卒業

１９６５年 スイス、ユング研究所よりユング派分析家の資格を取得

１９６７年 京都大学教育学博士

２００２年 文化庁長官就任

２００７年 逝去。享年79歳

●主な著書

『ユング心理学入門』（培風館）、『母性社会日本の病理』『無意識の構造』（中央公論社）、『コンプレックス』『昔話と日本人の心』『子どもと悪』（岩波書店）、『日本人とアイデンティティ』『カウンセリングを語る』『河合隼雄のカウンセリング入門』（創元社）、『明恵、夢を生きる』（京都松柏社）、『とりかへばや、男と女』（新潮社）、『不登校』『ユング派の臨床』（金剛出版［編著］）ほか多数。『河合隼雄著作集〈Ⅰ期〉〈Ⅱ期〉』（岩波書店）もある。

新装版《しんそうばん》 臨床心理学《りんしょうしんりがく》ノート

２００３年５月10日 初版発行
２０１７年７月25日 新装版第１刷発行
２０２２年10月30日 新装版第２刷発行

著者――――河合隼雄

発行者――――立石正信

発行所――――株式会社 金剛出版
〒１１２-０００５
東京都文京区水道1-5-16
電話 ０３-３８１５-６６６１
振替 ００１２０-６-３４８４８

カバー画◉櫻田耕司
印刷所◉太平印刷社
製本所◉井上製本所

ISBN978-4-7724-1568-2 C3011